○

버려진 게

아니라

뿌려진 것이다

버려진 게 아니라 뿌려진 것이다

지은이 | 이인호
초판 발행 | 2016. 5. 16
2판 1쇄 발행 | 2023. 5. 30
등록번호 | 제1988-000080호
등록된 곳 | 서울특별시 용산구 서빙고로 65길 38
발행처 | 사단법인 두란노서원
영업부 | 2078-3352 FAX | 080-749-3705
출판부 | 2078-3331

책값은 뒤표지에 있습니다.
ISBN 978-89-531-4500-9 03230

독자의 의견을 기다립니다.
tpress@duranno.com   www.duranno.com

두란노서원은 바울 사도가 3차 전도여행 때 에베소에서 성령 받은 제자들을 따로 세워 하나님의
말씀으로 양육하던 장소입니다. 사도행전 19장 8-20절의 정신에 따라 첫째 목회자를 돕는 사역과
평신도를 훈련시키는 사역, 둘째 세계선교(TIM)와 문서선교(단행본·잡지) 사역, 셋째 예수문화 및 경배
와 찬양 사역, 그리고 가정·상담 사역 등을 감당하고 있습니다. 1980년 12월 22일에 창립된 두란
노서원은 주님 오실 때까지 이 사역들을 계속할 것입니다.

고난을 축복의
씨앗으로 삼으시는
하나님

뿌려진 게 아니라
진 아
진 니
것 라
이
다

이인호 지음

두란노

이틀 저녁에 걸쳐서 이 책의 원고를 읽었습니다. 정치한 신학적 사변이나 성경 본문에 대한 집요한 해석학적 탐구를 담은 책은 아니었습니다. 그러나 이 책을 수필이라고 할 수 없음은, 이 책은 우리에게 너무나 절박한 인생 현실의 문제를 다루고 있기 때문입니다.

　이 책의 원고를 덮으면서 마음에 깊이 다가왔던 것은 그 현실적인 문제들을 다루는 저자의 방식이었습니다. 여러 차례 큰 고난을 겪을 때, 웬만한 사람이라면 인생의 뿌리까지 흔들렸을 것입니다. 저자는 그때마다 믿음으로 그 가혹한 시련들을 극복해 왔습니다. 그러한 실천적 경험이 있기에, 이 책에는 강한 설득력과 깊은 감동이 있습니다. 무엇보다 저자에게는 약한 자, 꿈을 잃고 좌절한 자들을 향한 진심 어린 연민과 사랑이 있습니다. 이 책은 같은 처지에 있는 독자들에게 위로와 용기와 다시 일어설 힘을 줄 것입니다.

_김남준(열린교회 담임목사)

이 책은 하나님 안에서 고난은 더 이상 저주가 아니라 축복이 된다는 것을 보여줍니다. 고난의 용광로 속에서 연단되어 자아가 녹아져 내렸다는 저자의 고백처럼, 이해할 수 없는 시간을 관통하면서 우리는 나를 향한 하나님의 뜻을 깨닫고 새로운 피조물로 빚어집니다. 이 책을 읽는 분들마다 자신의 고난 속에서 포기하지 않고 인내해야 할 이유를 발견하고, 내게 주어진 사명을 찾기 바라는 마음으로 이 책을 추천합니다.

_김양재(우리들교회 담임목사)

Part 2

사랑하는 법을 배워야
빗장이 풀린다

하나님이 먼저 보내셨습니다

그때 넘어지지 않았으면

2010년 밴쿠버 동계올림픽 빙상경기에서 이승훈 선수가 5,000m 에서 은메달, 1만m에서 금메달을 목에 걸었습니다. 이승훈 선수 는 원래 15년간 쇼트트랙 선수였습니다. 그런데 2009년 4월 쇼 트트랙 국가대표 선발전에서 넘어지는 바람에 최종 탈락을 했 습니다. 실력 차이가 아니라 넘어져서 탈락했으니 얼마나 절망 했겠습니까? 이후 그는 3개월 동안 스케이트도 신지 않고 기 초체력 운동도 하지 않았다고 합니다. 그러다 교수님의 권유 로 스피드스케이팅을 시작했는데, 4개월 만에 세계 대회 5위의 성적을 올리고 급기야 올림픽에서 금메달을 딴 것입니다. 그가 한 방송 프로그램에 출연해서 웃으면서 한 말이 있습니다.

"그때 넘어지지 않았으면 어쩔 뻔했을까요?"

저도 이제 와서 돌아보면, '그때 실패하지 않았으면, 그때 아 프지 않았으면 어쩔 뻔했나' 하는 생각을 하게 됩니다. 왜냐하

버려진 게 아니라 뿌려진 것이다

면 지금 제가 쓰임 받는 모든 자원들은 다 실패와 고난에서 왔기 때문입니다. 저는 어린 시절에 가난한 가정에서 자랐습니다. 부모님의 사랑을 받으며 행복하게 살았지만, 가난으로 인한 열등감이 컸습니다. 하지만 목회자가 되고 나서 저의 이러한 경험이 성도들의 어려움을 조금이나마 이해하는 데 쓰임 받고 있다는 것을 알았습니다. 그때 가난하지 않았더라면, 부잣집에서 어려움을 모르고 자랐더라면 어쩔 뻔했을까요?

저는 어려서부터 늘 몸이 허약했습니다. 1년에 200일 이상은 편도염으로 감기를 달고 살았고, 청년 시절엔 폐결핵을 앓아서 그로 인한 후유증으로 3년간 불면증을 앓았습니다. 보통 사람들은 과거의 사진을 보면 "내가 어느새 이렇게 늙었구나"하면서 젊은 날을 회상하는데, 저는 "이제야 내가 사람이 되었구나" 하면서 감사하게 됩니다. 심지어 10년, 20년 만에 보는 분들도 얼굴이 너무 좋아졌다고 말할 정도입니다.

저의 이러한 연약함 때문에 성도들의 연약함을 조금이나마 더 공감하게 되고, 긍휼히 여기는 마음을 갖게된 것 같습니다.

생각해 보면, 정말 그때 아프지 않았더라면 지금 목회를 어떻게 감당했을까요?

《기도의 전성기를 경험하라》(생명의말씀사, 2009)는 책에서도 제가 겪은 고난에 대해 자세히 나눴습니다만, 17년간 지속되고 있는 아버지의 뇌졸중 투병, 사랑하는 여동생의 이혼, 내 생명보다 더 소중한 어린 딸의 생사를 오가던 순간 등 지난 시간들의 고통을 생각해 보면 정말 다시는 돌아가고 싶지 않습니다. 하지만 부인할 수 없는 것은, 오늘 저의 목회자로서의 자질은 그 고난의 시절에 빚어졌다는 것입니다. 하나님은 저를 고난의 용광로에 집어넣고 수없이 연단하셨습니다. 그 결과 부족하나마 이만한 모습으로 목회자 구실을 하고 있는 것 같습니다. 내 힘으로는 아무것도 할 수 없는 그 고통의 시간 속에서 인내를 배웠고, 그 인내 속에서 제 속에 있던 조급함, 이기심, 교만, 자아가 조금씩 녹았습니다. 정말 다시는 그때로 돌아가고 싶지 않지만, 그래도 지금 생각해보면 그때 그러한 고통이 없었더라면 오늘의 저는 없었을 것입니다.

버려진 게 아니라 뿌려진 것이다

누군가 말한 것처럼 고난은 '변장된 축복'입니다. 이 말은 고난을 통과했다고 복이 굴러 들어온다는 뜻이 아닙니다. 고난을 통해 많은 것을 잃은 것 같지만, 사실 이 고난을 통해서 우리는 전혀 다른 사람이 된다는 의미입니다. 군대에서 제대하는 젊은이는 기대하는 것만큼 세상이 흥분되는 곳이 아니라는 것을, 나를 기다리는 것은 오히려 강팍한 세상이라는 것을 느낄 것입니다. 하지만 그에겐 이전과 다른 한 가지가 있습니다. 바로 고난의 군 생활을 이겨 낸 자신입니다. 하나님이 고난을 통해 주시는 선물은 바로 달라진 나 자신입니다. 하나님은 그러한 나를 사용하십니다.

이외수 작가의 《하악하악》(해냄출판사, 2008)이라는 책에 이런 내용이 나옵니다.

"어떤 음식은 오래 두면 썩는데, 어떤 음식은 오래 두면 발효한다. 인생도 그렇다. 시간이 지나면 부패되는 인간이 있고, 시간이 지나면 발효되는 인간이 있다."

그리스도인은 누구입니까? 바로 고난 속에서 발효되는 사람들입니다. 저는 그리스도인의 고난은 용광로 안에 담긴 불이라고 생각합니다. 그 불은 무엇이든지 녹여 버리는 무서운 불이요, 파괴적인 불입니다. 그러나 용광로 안에 담겨 있는 동안 그 불은 금을 제련하고, 쇠를 단단하게 합니다. 모든 것을 목적성 있게 만드는 창조적인 불이 됩니다. 그리스도 안에서 우리를 찾아오는 고난은 이처럼 용광로 안에 담긴 불과 같습니다. 그것은 우리를 파괴하지 못합니다.

이세상의 위대한 지도자들은 대부분 고난의 터널을 통과한 사람들이었습니다. 그들 가운데 알렉산더(Alexandros), 율리우스 카이사르(Gaius Julius Caesar), 조지 워싱턴(George Washington), 나폴레옹(Napoleon Bonaparte) 등 많은 이들이 고아였습니다. 또한 위대한 지도자일수록 우울증을 앓은 경험이 많았습니다. 사무엘 브랭글(Samuel Rogan Brengle)은 "리더십은 승진에 의해 얻어지는 것이 아니라, 많은 눈물과 기도로 얻어지는 것이다"라고 말했습니다. 고난 속에서, 리더라는 위치에 적합한 임무를

버려진 게 아니라 뿌려진 것이다

수행할 수 있는 도덕적 고결함을 얻게 되는 것입니다. 고난만
이 진정한 리더를 만들어 냅니다. 하물며 그리스도 안에 있는
고난의 용광로는 우리를 얼마나 멋지게 빚어내겠습니까? 그러
므로 고난 속에서 포기하지 말고 인내해야 합니다.

　남아프리카공화국이 백인 독재 정권의 탄압으로 유혈 사태
로 치달아 갈 때, 넬슨 만델라(Nelson Rolihlahla Mandela)는 '민족
의 창'이라는 무장투쟁 조직을 만들었다가 체포되어 종신형을
선고받았습니다. 그 악명 높은 로빈슨 감옥의 채석장에서 돌을
캐며 징역살이를 해야 했습니다. 그런데 만델라는 함께 구속된
다른 지도자들과는 달리, 하루도 빠짐없이 열심히 운동했습니
다. 뿐만 아니라 감옥에 들어온 신세대 운동가들을 찾아가서
쉼 없는 열정으로 토론했습니다. 백인 교도관들을 통해 몰래
신문을 받아 보면서 바깥 세계의 변화된 정보를 감지하려고
노력했습니다. 옥중 처우 개선을 위한 긴장된 투쟁을 하는 동
시에 유연한 협상을 통해 자기 역량을 축적했습니다. 그는 격
렬한 싸움 속에서도 복수의 칼을 가는 것이 아니라, 끝없는 용

서의 미덕을 쌓았습니다.

감옥에서 기다린 27년 동안 그는 미래를 준비했습니다. 결국 감옥은 만델라를 부패시키거나 죽이지 못했습니다. 오히려 그곳에서 그는 발효되었습니다. 그곳에서 미래를 위해 준비된 것입니다.

"영원히 살 것처럼 꿈꾸고, 오늘 죽을 것처럼 살라"는 말이 있습니다. 아무리 힘들어도 영원히 살 것처럼 꿈꾸는 것을 포기하지 마십시오. 그리고 아무리 절망적이어도 당장에 죽을 것처럼 포기하지 말고 힘을 내어 살아가십시오. 왜냐하면 우리의 삶은 버려진 것이 아니기 때문입니다. 우리의 삶은 농부이신 하나님에 의해서 뿌려진 삶입니다. 인내 속에서 하나님 나라의 꿈을 싹 틔울 생명의 DNA를 가진 씨앗입니다. 요셉의 삶은 버려진 것 같지만, 뿌려진 삶이었습니다. 그의 삶은 어떻게 고난 속에서 인내로 그 씨앗을 아름답게 싹 틔우고, 꽃 피우며, 열매 맺는지를 보여줍니다.

제가 요셉 이야기를 책으로 쓸 수 있었던 것은 무엇보다 저와 함께 말씀 속에서 인내의 길을 걸은 더사랑의교회 교우들

덕입니다. 함께 울고 웃으며 끝까지 인내로 견뎌 준 교우들과
의 지난 13년의 세월은 하나님의 손에 의해 뿌려진 씨앗들이
아름답게 열매 맺는 것을 경험하는 축복된 시간들이었습니다.
부족한 저를 늘 참아 주고 지지해 준 성도님들께 사랑과 감사
를 드립니다. 아울러 이 책의 출간 기회를 주신 두란노서원과
책의 편집을 위해 수고를 아끼지 않으신 출판부에 감사를 드
립니다. 추천사를 써주신 김남준 목사님과 김양재 목사님께도
진심으로 감사드립니다. 마지막으로 나의 영원한 지지자인 사
랑하는 아내에게 고마움을 전합니다.

2016년 5월
이인호

Part 1

아프고 나서야
꽃망울이 터진다

지금 무엇을 좇고 있습니까? 잠시 멈추고 돌아보십시오.
꿈을 향해 가고 있다면, 잘 가고 있는 것입니다.
그러나 야망을 향해 가고 있다면, 돌이켜야 합니다.
꿈과 야망은 다릅니다.

1. 출발선은 같아도
마음가짐은 다르다

믿음 없는 꿈은 야망일 뿐입니다

성경 다음으로 많이 읽힌 책 중 하나가 생텍쥐페리(Antoine Roger De SaintExupéry)의 《어린 왕자》라고 합니다. 최근 우리 아이들과 함께 영화 〈어린 왕자〉를 봤는데, 그 영화를 보면서 예전에 책으로 읽은 어린 왕자의 기억이 떠올랐습니다.

이 영화가 책과 다른 점은, 소설 《어린 왕자》가 끝나는 대목에서 이야기가 계속된다는 것입니다. 소설에서는 어린 왕자가 지구에 온 지 1년 되던 날, 자기 별에 두고 온 장미를 그리워하다가 그만 뱀에 물려 다시 돌아갑니다. 이야기는 그렇게 끝이 납니다.

그런데 영화에서는 한 소녀가 비행기를 타고 어린 왕자를 찾아 나섭니다. 그러다가 한 별을 발견하는데, 그 별은 어른들의 별이었습니다. 그곳에는 이상한 어른들이 모여 살고 있었습니다. 모든 것을 다스리려고 하는 왕, 모든 사람의 칭찬을 받으려고 하는 허풍쟁이, 늘 술에 취해 있는 술주정뱅이, 모든 별을 소유하려고 하는 탐욕 어린 부자 등 탐욕과 정욕이 가득한 어른들의 세상이었습니다. 그 어른들의 하늘에는 반짝이는 별이 없었습니다. 꿈을 상징하는 별들은 모두 돈으로 환산되어 버렸기 때문에 모두가 땅만 쳐다보고 살고 있었습니다. 그런데 세상에! 바로 그 별에 어린 왕자가 있는 것이었습니다. 어느덧 어른이 된 어린 왕자가 모든 꿈을 잃고 힘겹게 살아가고 있었던 것입니다.

영화의 엔딩 부분을 보면서 마음속 깊은 곳으로부터 눈물이 났습니다. 나도 어느덧 어린 시절의 순수한 꿈을 잃은 채 살아가고 있는 것은 아닌가 하는 생각이 들었습니다. 이 영화의 첫 장면은 소녀에게 커서 어떤 어른이 되고 싶은지를 묻는 것으로 시작합니다. 영화관을 나서며 이 질문이 맴돌았습니다. '나는 커서 어떤 어른이 되고 싶었을까? 나는 지금 어떤 어른일까?'

올리버 웬델 홈즈(Oliver Wendell Holmes)는 이런 말을 했습니다.

버려진 게 아니라 뿌려진 것이다

"사람들은 대부분 자신의 노래를 자기 안에 간직한 채 무덤으로 간다. 많은 사람이 평생 동안 일을 하면서도 커서 무엇이 되고 싶었는지를 결코 알아내지 못한 채 무덤으로 간다."

많은 사람들이 어린 시절의 꿈을 잃어버린 채 돈, 인기, 권력의 노예가 되어 살다가 죽는다는 것입니다. 내가 무엇을 해야 하는지를 알지 못한 채 인생을 마감한다는 것입니다. 그런데 제 마음을 더 안타깝게 하는 것은, 한참 꿈꿀 나이인 20대 젊은 이들이 꿈을 잃어 가고 있다는 것입니다.

요즘 자주 회자 되는 말 중에 '수저계급론'이 있습니다. 자산이 20억 이상이고 연 수입이 2억 이상인 가정에서 태어난 사람은 '금수저'를, 자산이 10억 이상이고 연 수입이 8,000만 원 이상이면 '은수저'를, 자산이 5억 이상이고 연 수입이 5,500만 원 이상이면 '동수저'를 물고 태어난 사람이라고 합니다. 반면에 자산이 5,000만 원 이하이고 연 수입이 2,000만 원 이하이면 '흙수저'를 물고 태어났다고 합니다.

결국 이러한 수저계급론은 우리 사회가 부유한 집안에서 태어나면 잘나가고, 가난한 집안에서 태어나면 평생 기회조차 없는 신분고착 사회임을 꼬집는 것입니다. 태어나면서부터 차별받는 불공평한 사회라는 것입니다. 실제로 많은 젊은이들이 비정규직으로 내몰려서 취업을 못하고 있습니다. 그래서 그들은 스스로를 'N포 세대'라고 부릅니다. 연애, 결혼, 육아, 출산, 인간관계, 주택 구입, 희망, 꿈 등을 포기한 세대라는 것입니다. 그 젊은이들이 대한민국을 '헬조선'이라고 부를 때면, 기성 세대로서 책임과 아픔이 느껴집니다.

과거 경제성장률이 7~8% 이상씩 고속 성장을 할 때는 일자리도 많았고, 기회도 많았고, 대박이 나는 일도 많았습니다. 그래서 열심히 노력하면 자신의 꿈을 이루는 것이 가능했습니다. 그때는 꿈 이야기를 하면 들뜨고 흥분했습니다. 그러나 경제성장률이 2~3%에 이르면서 스카이(SKY) 대학을 졸업해도 취업이 힘든 시대, 젊은이들이 꿈을 이루기 어려운 사회가 되어버렸습니다. 그러다 보니 요즘 젊은이들은 꿈에 대해 냉소적입니다. 어른들이 꿈, 희망, 긍정을 이야기하면 자신들을 속이고 착취하려는 기득권 세력의 음모라고 받아들입니다.

과연 꿈이란 헛된 속임수에 불과한 것일까요? 그렇게 생각하는 것은 사람들이 꿈을 오해하기 때문입니다. 꿈과 야망을 혼동하기 때문입니다. 그러므로 진정한 꿈의 의미를 찾기위해, 우리는 먼저 꿈과 야망의 차이는 무엇인가 하는 질문을 던져야 합니다.

버려진 게 아니라 뿌려진 것이다

○
야망은 내가 품지만, 꿈은 하나님이 주십니다

지금 저의 삶은 제가 어릴 적에 한 번도 생각해 보지 않은 삶입니다. 제 기억으로는 어린 시절, 반에서 우리 집이 제일 가난했습니다. 당시에는 반 아이들 전체가 담임 선생님과 함께 가정방문을 했는데, 선생님이 부모님을 만나고 나올 때까지 아이들은 모두 그집 대문 밖에서 기다려야 했습니다. 우리 집은 가장 먼 산동네에 있었기 때문에 저는 선생님이 모든 아이들의 집을 다 방문할 때까지 기다려야 했습니다. 그렇게 우리 반 아이들의 집 대문 앞에서 기다리면서 우리 집이, 내가 사는 동네가 가장 가난하다는 것을 알았습니다. 그래서 어린 시절 제 꿈은 돈 많이 벌어서 부자가 되는 것이었습니다. 제가 행복할 수 있는 길은 오직 부자가 되는 것 밖에는 없다고 생각했습니다.

그러던 어느 날 이런 제 인생에 주님이 인격적으로 찾아오셨습니다. 예수님을 제 마음에 모신 이후로 영혼에 어둠이 걷히고, 내가 얼마나 사랑받는 하나님의 자녀인지 알게 되었습니다. 돌아온 탕자처럼 주님 품에 안겨 며칠을 울고 또 울었습니다. 마음의 얼음이 녹아내리고, 내 속에서 새소리가 들리고, 봄의 교향악이 울려 퍼졌습니다. 그리고 드디어 저는 꿈을 꾸기 시작했습니다. 내가 누구이며, 무엇을 위해서 부름 받았는지 발견하게 되었고, 주님의 인도하심으로 여기까지 올 수 있었습니다. 지금까지 제 삶은 제가 한 번도 생각해 보지 않은 방향으로 달려왔습니다. 그것은 저의 꿈이 아니었습니다. 제 인생을 향한 하나님의 꿈이었습니다.

요셉이 꾼 꿈도 스스로 품은 것이 아니었습니다. 애굽에 한 번도 가 보지 못한, 가나안 변방에 사는 작은 부족의 열한 번째 아들이 과연 애굽의 국무총리가 되려는 꿈을 스스로 품을 수 있었을까요? 그는 자신이 꾼 꿈의 의미도 이해하지 못했습니다. 아브라함은 어떻습니까? 자신의 후손이 하늘의 별처럼 많은 민족을 이루리라는 것을 과연 스스로 꿈꿀 수 있었을까요? 그것은 하나님이 아브라함에게 주신 꿈이었습니다. 들에서 양이나 치던, 아버지도 인정 안 하던 다윗이 이스라엘의 왕이 되겠다는 꿈을 과연 스스로 품었을까요? 하나님의 성령이 그에게 임하셔서 그 꿈을 꾸게 하신 것입니다. 꿈은 이렇게 인간이 만들어 내는 것이 아니라 하나님이 주시는 것입니다. 그것은 우리의 꿈이기 이전에 하나님의 꿈이기 때문입니다.

그래서 꿈을 꾸는 사람에게는 하나님의 우연 같은 섭리가 그의 인생을 뒤따르게 됩니다. 요셉의 삶을 향한 하나님의 섭리를 보세요. 요셉이 형들에게 버려져 애굽으로 팔려 갑니다. 자신이 무언가를 선택할 수 없는, 그저 남에게 팔리고 끌려가는 상황입니다. 그런데 하필 바로의 시위대장 보디발의 집으로 팔려 갑니다. 그곳은 애굽 정치가의 집이었습니다. 거기서 요셉은 가정총무가 되어 다스리는 일을 맡게 됩니다. 보디발의 아내로부터 모함을 받고 감옥에 들어갔을 때도 왕의 죄수들, 즉 정치가들이 갇힌 감옥에 들어갑니다. 거기서 정치가들을 만나고, 바울의 술 맡은 관원을 만나고, 마침내 그의 꿈까지 해석해 줍니다. 그것이 계기가 되어 나중에 바로의 꿈을 해석할 기회를 얻게 됩니다. 이렇게 고난에도 불구하고 그는 점점 꿈을 향해 가까이 나아갔습니다.

이처럼 하나님이 꿈꾸게 하시는 사람은 하나님의 섭리가 뒤따릅니다. 우리의 이성으로는 판단할 수 없는 크고 위대한 은혜의 섭리로 모든 것이 합력하여 선을 이룹니다.

창세기 11장에, 하나님은 큰 민족을 이루고 이름을 내겠다는 니므롯의 바벨탑 야망을 무너뜨리십니다(창 11:4~9). 그리고 다음 장에서 아브라함을 부르시고 너로 큰 민족을 이루고 네 이름을 창대하게 하겠다고 하십니다(창 12:1~3). 이처럼 하나님은 우리가 스스로 꾸는 야망을 무너뜨리십니다. 그러나 하나님이 꿈꾸게 하신 사람은 도와주십니다.

하나님이 당신의 삶에서 반대자가 되시나요? 그렇다면 아직 당신이 야망을 좇기 때문입니다. 돌아보면 제 인생도 하나님이 저의 야망을 철저히 부수시는 과정이었습니다. 그러나 꿈의 사람들에게는 하나님의 섭리가 함께 합니다. 하나님의 꿈을 나의 꿈으로 받아들이고, 그 꿈을 사랑하고, 그 꿈에 인생을 걸면 하나님의 도우심이 함께하는 것을 경험하게 됩니다.

앞으로 살펴볼 것이 바로 이것입니다. 요셉의 삶에 나타나는 여러 가지 어려움, 미움, 유혹, 잊혀짐, 기다림이란 여정 속에서 하나님의 섭리가 어떻게 작동하며, 어떻게 꿈의 디딤돌이 되어 가는지 볼 것입니다.

○

야망은 성공을 좇지만, 꿈은 목적을 좇습니다

꿈은 우리가 이 땅에서 할 일, 즉 목적과 연관되어 있습니다. 그래서 꿈은 우리의 잠자는 재능을 깨어나게 합니다.

몇 년 전에 〈어거스트 러쉬〉(August Rush, 2007)라는 영화를 가족과 함께 봤습니다. 탁월한 기타리스트이자 가수인 젊은이와 유명한 여자 첼리스트와의 하룻밤 사랑으로 태어나 고아원에 버려진 한 아이의 이야기입니다. 그 아이는 고아원에서 전혀 음악을 접하지 못한 채 자랐지만, 그에게는 부모로부터 물려받은 음악적인 유전자가 고스란히 담겨 있었습니다. 그래서 남들이 듣지 못하는 소리를 들을 수 있었습니다. 그 아이는 자신의 음악성을 전혀 이해하지 못하는 고아원에서 자라다가 드디

버려진 게 아니라 뿌려진 것이다

어 고아원을 나와서 음악하는 사람과 만나게 됩니다. 그는 기타를 보자마자 연주하고, 음계를 배우자마자 작곡하는 등 천재성을 보여 줍니다. 그리고 그것을 인정받아 한 음대에 입학하게 됩니다.

그가 음악의 세계를 만나자 그의 안에 있던 잠재력과 유전자가 꿈틀거리기 시작합니다. 그의 음악성에 스파크가 일어나기 시작합니다. 오랫동안 멈춰 있던 슈퍼컴퓨터에 전원이 들어오듯, 잠자고 있던 그의 유전자에 영감과 생기가 일어나는 것입니다. 바로 이 순간이 꿈이 깨어나는 순간입니다.

꿈이란 내게 없는 그 무엇이 아니라 이미 내게 있는 것, 내 안에 잠자고 있던 나의 유전자, 존재, 계획, 가능성, 잠재력을 발견하는 것입니다. 그것에 불이 들어오고 스파크가 일어나는 것입니다. 그 전원을, 그 영감을 누가 넣어 줄까요? 하나님이 넣어 주십니다. 그래서 성령이 임하시면 꿈을 꾸는 것입니다. 천재는 99%의 노력과 1%의 영감으로 이뤄진다고 합니다. 우리의 99%의 재능에 1%의 영감이 불붙는 그 순간이 바로 꿈이 깨어나는 순간입니다. 꿈은 나의 재능과 하나님의 영감이 불꽃을 일으키며 만나는 사건입니다.

요셉이 꿈을 꾸는 순간도 바로 그러한 순간이었습니다.

"요셉이 그들에게 이르되 청하건대 내가 꾼 꿈을 들으시오 우리가 밭에서 곡식단을 묶더니 내 단은 일어서고 당신들의 단은 내 단을 둘러서서 절하더이다"(창 37:6~7).

형들의 볏단이 요셉의 볏단에 절 하는 꿈을 꾼 후, 그는 그 꿈을 형들에게 말했습니다. 그러자 형들은 "네가 참으로 우리의 왕이 되어 다스리겠느냐"고 반문합니다(창 37:8). 즉, 정치 지도자가 될 수 있겠느냐는 말입니다. 실제로 요셉은 나중에 애굽의 국무총리가 됩니다. 여기서 그의 꿈은 그가 장차 할 일, 즉 그의 직업과 연관되어 있다는 것을 알 수 있습니다.

요셉의 꿈에서 볏단이 절을 하는 것은, 이후에 요셉이 애굽의 곡식 창고 관리하는 일을 한다는 암시입니다. 요셉은 풍년의 때에 곡식을 모으고, 흉년의 때에 그 곡식을 풀어서 애굽은 물론 그 일대의 나라와 민족들을 먹여 살립니다. 그 일을 정말 탁월하게 해냅니다.

이처럼 꿈은 우리의 재능과 관련되어 있습니다. 우리의 잠재된 재능을 깨어나게 합니다. 꿈은 우리가 이 세상에서 무슨 일을 할 것인가와 연관되어 있습니다. 따라서 비전인생은, 하나님이 우리에게 하라고 하신 일을 찾아서 그 일을 해내는 인생입니다. 바로 그 일을 할 때 우리는 존재가 완성되는 기쁨을 누릴 수 있습니다.

티베트의 라마승이 쓴 《능숙하게 할 줄 아는 재주》란 책에 이런 말이 있습니다.

"사람은 자신의 모든 창조적 잠재력을 쏟아부을 수 있는 능숙한 재주를 통해서 자기 본성의 핵심을 알 수 있다. 이를 통해 삶의 근본 목적을 깨달을 수 있다."

내가 잘하는 일, 즉 창조적 잠재력이 드러나는 나의 재능을 통해 비로소 내가 무엇을 위해 부름 받았는지를 알게 된다는 것입니다. 결국 나의 재능과 관심사가 내 인생의 목적을 가르쳐 주는 나침반인 것입니다. 꿈은 나를 나 되게 합니다. 잃어버린 나를 찾게 합니다.

그러나 야망은 성공을 좇다가 자신을 잃어버리게 합니다. 영화 〈어린 왕자〉에 나오는 그 괴상한 어른들은 꿈이 아닌 자신의 야망을 보여 주고 있습니다. 모든 것을 다스리려고 하는 왕의 야망, 모든 사람의 박수를 받으려고 하는 인기 스타의 야망, 하늘의 모든 별을 소유해서 거부가 되려고 하는 부자의 야망! 그들은 이런 권력과 인기와 돈의 야망을 꿈꾸지만, 그것들을 좇다가 결국 자기 내면의 목소리, 사랑, 꿈을 다 잃어버립니다. 야망은 이처럼 내가 왜 이 세상에 왔는지를 잃어버리게 합니다.

우리는 연봉으로 직업의 가치를 매깁니다. 그러나 완벽한 직업이란, 내가 하는 그 일에 나 자신을 완벽하게 담아낼 수 있는 직업입니다. 내 재능, 열정, 가치관을 분명하게 담아낼 수 있다면 그것은 연봉과 상관없는 완벽한 직업일 것입니다.

저는 원하는 과에 들어갈 점수를 얻지 못해서 정말 영문도 모르고 영문학과에 입학했습니다. 원치 않는 전공을 공부하려니 대학 생활이 참 괴로웠습니다. 고등학교 시절부터 공부란 하기 싫은 것을 하는 과정이라고만 생각하며 버텼습니다. 그런데 제 딸의 대학 생활을 보면서 내가 얼마나 바보 같은 대학 시절을 보냈는가를 돌아보게 되었습니다. 제 딸은 자신이 정말 원하던 영상디자인을 전공하고 있습니다. 그래서 딸의 대학 생활은 마치 자신이 좋아서 하는 취미 활동처럼 보입니다. 얼마나 즐겁게 하는지 모릅니다. 그 모습을 보면 '아니, 대학 생활을 저렇게 즐겁게 해도 되는 건가?' 하는 생각이 들 정도입니다.

그러다가 제가 신대원에 입학했을 때가 생각났습니다. 그때 정말 감격한 것은, 내가 원하는 신학 공부, 성경 연구를 이렇게 학교 과정을 통해 마음껏 할 수 있다는 사실이었습니다. 제가 평소에 읽고 싶었던 책들을 과제로 읽는 그 감격이 얼마나 벅찼던지요. 어느 날 새벽 3시까지 기숙사에서 공부를 하다가 감격해서 눈물을 흘린 기억이 납니다. 정말 원하는 것, 하고 싶은 것을 할 수 있다는 것이 얼마나 행복한 일인지 그때 깨달았습니다.

하기 싫은 일을 하면서 억지로 하루하루 살아가는 것은, 자

버려진 게 아니라 뿌려진 것이다

신의 꿈을 발견하지 못했기 때문입니다. 만일 지금 내가 하고 있거나 또는 하고자 하는 일이 나의 첫 번째 재능이 아니라 세 번째 재능정도라면, 나는 그 일에 나의 열정과 역량의 3분의 1만 쏟아부을 것입니다. 나의 모든 역량을, 전 존재를 쏟아부을 수 있는 일을 찾아야 합니다. 그것을 찾게 해 주는 것이 꿈입니다. 꿈을 꾸면 나의 잠자던 유전자가 깨어나고, 내 안의 열정이 불붙기 시작합니다.

그런 면에서 우리의 삶은 누구와의 경쟁이 아닙니다. 오직 나만의 부르심이고, 나만의 경주입니다. 그것을 위해 우리는 그 누구도 갖지 못했고 앞으로도 갖지 못할 재능과 경험의 기회를 가진 것입니다. 그러므로 우리는 다른 사람이 되어야 할 이유가 하나도 없습니다. 조이스 마이어(Joyce Meyer)는 이런 말을 했습니다.

"하나님께서는 당신이 되고 싶은 그 어떤 존재라도 될 수 있도록 도움을 주실 것이다. 하지만 당신이 다른 사람과 같아지려는 데는 아무런 도움도 주지 않으실 것이다."

그렇습니다. 하나님은 제가 다른 유명한 목사처럼 되지 않아도 결코 책망하지 않으실 것입니다. 그러나 하나님은 제가 될 수 있는 존재가 되지 않는다면 책망하실 것입니다. 우리의 기준을 타인에게 맞출 필요가 없습니다. 저는 오스 기니스(Os Guinness)의 이 말을 참 좋아합니다.

> "우리는 하나님 외에는 그 누구에게도 입증해야 할 것도, 얻을 것도, 잃을 것도 없다."

우리 인생은 사람들에게 만점이라는 평가를 받고도 실패한 인생일 수 있다는 사실을 알아야 합니다. 중요한 것은, 지금 내가 하고 있는 일이 하나님이 하라고 하신 일인가 하는 것입니다.

○

야망은 관계를 희생하지만, 꿈은 관계를 소중히 여깁니다

교회를 개척하기 전에, 한동안 몸이 아주 안 좋을 때가 있었습니다. 죽음이 가까이에 와 있다는 생각이 들자 지금 떠나기엔 너무나 아쉬운 두 가지가 떠올랐습니다. 첫째는 가족이었습니다. 사랑스러운 아내와 당시 3, 5, 7세였던 세 아이들이 너무나 가슴 아팠습니다. 아직은 내 사랑이 필요한 그들이 너무나 아쉬웠습니다. 두 번째는 아직 개척도 하지 않았지만, 앞으로 개척해서 만나게 될 교회와 성도였습니다. 정말 신기한 경험이었

버려진 게 아니라 뿌려진 것이다

습니다. 그때 왜 아직 만나지도 않은 오늘의 성도들이 그토록 그립고 아쉬웠는지 지금도 신기합니다. 그 그리움의 이유는 가족에 대한 이유와 동일했습니다. 내가 돌봐야 할, 내 사랑이 필요한 교회와 성도가 아쉬웠습니다. 그때의 그 생각들이 지금도 생생합니다.

그때 깨달은 것이 두 가지 있습니다. 첫째는 바로 이 아쉬움, 이 사랑이 사명이란 것입니다. 제가 이 둘을 아쉬워한 것은 그들이 제가 사랑해야 할 대상들이었기 때문입니다. 그들은 저의 사랑을 통해 이 땅에 세워져야 할 존재들이었습니다. 그래서 그 사랑만큼, 사랑해야 할 만큼 아쉬웠던 것입니다. 사랑이 사명이란 사실을 그때 처음 깨달았습니다. 둘째는 가정과 교회가 바로 나의 사명이요, 꿈이란 것입니다. 내가 이 땅에서 이 두 가지를 잘 세우고 나아간다면 나는 나의 사명을 다한 것이라고 생각했습니다.

요셉 이야기는 우리의 꿈이 바로 이러한 관계, 즉 공동체와 연관되어 있음을 보여 줍니다. 요셉이 꾼 꿈은 미래에 일어날 한 장면이었습니다. 앞으로 요셉에게 일어날 일들이 정말 많았습니다. 국무총리가 되는 일, 버금수레를 타는 일, 결혼하는 일, 호화로운 궁궐에서 사는 일, 천하의 모든 사람이 와서 그에게 쌀을 받아 가는 일 등 놀라운 일들이 많이 일어날 것입니다. 그런데 하나님은 왜 하필 형들이 그에게 절하는 꿈을 보여 주셨을까요? 왜 그의 가족이 그에게 절하는 것일까요? 그것이 요셉의 꿈이 갖는 가장 핵심되는 장면이기 때문입니다. 그가 애굽의 국무총리가 되고 가뭄에서 애굽을 구하는 것이 핵심이 아니라, 이스라엘 민족을 구하는 것이 핵심이기 때문입니다. 그들은 요셉의 가족이자 동시에 이스라엘, 즉 하나님의 백성입니다.

하나님이 주신 꿈은 이렇게 가족과 교회라는 두 개의 공동체와 연결되어 있습니다. 나의 가정을 버리고 희생하며 이루는 꿈이라면, 그것은 하나님이 주신 꿈이 아닙니다. 교회를 멀리하고, 교회에 무관심하게 하는 꿈이라면 그것은 하나님이 주신 꿈이 아니라, 나의 야망입니다.

사실 요셉에게 형들은 상처를 안겨 준 자들이었습니다. 생각하기도 싫은 사람들이었습니다. 그럼에도 불구하고 요셉의 꿈에서 그의 부모와 형들은 해와 달과 별에 비유됩니다.

"요셉이 다시 꿈을 꾸고 그의 형들에게 말하여 이르되 내가 또 꿈을 꾼즉 해와 달과 열한 별이 내게 절하더이다 하니라"(창 37:4).

이것은 교회가 해, 달, 별처럼 세상을 비추는 영광스러운 존재라는 것을 의미합니다(계 12:1). 요셉이 보기에 형들은 정말 한심하고 못되고 원망스러운 존재였습니다. 하지만 하나님은 그들을 영광스럽다고 하십니다. 결국 요셉의 꿈은 바로 그 형들을 가뭄에서 구원하고, 그들의 후손들을 보존하기 위한 부르

버려진 게 아니라 뿌려진 것이다

심이었습니다. 더 나아가 그들로 하여금 애굽에서 큰 민족을
이루어 하나님의 백성이 되게 하는 것이었습니다.

우리는 교회에서 상처를 받을 수 있습니다. 때로는 성도들의
모습이 너무나 한심하게 보일 수도 있습니다. 그럼에도 불구하
고 교회는 그리스도가 그분의 목숨을 버리실만큼 존귀한 공동
체요, 그리스도의 신부요, 하나님의 백성임을 기억해야 합니
다. 하나님은 교회를 영광스럽게 변화시키실 것이며, 세상 역
사의 최후 주인공이 되게 하실 것입니다. 그러므로 우리의 꿈
의 주제는 교회임을 기억해야 합니다.

요셉이 꿈을 이루기 위해 필연적으로 통과해야 하는 과정은
형들을 용서하는 것이었습니다. 창세기에 요셉이 형들을 만나
는 과정이 지루할 만큼 길게 소개되어 있는 것은, 바로 용서와
화해의 과정을 보여 주는 것입니다. 내게 상처를 준 가족, 교회
를 용서하지 못한다면 우리의 꿈은 결코 성취될 수 없습니다.

그런 점에서 꿈은 나를 통해 하나님이 하실 '일'인 동시에 '관
계'입니다. 관계의 실패는 꿈의 실패입니다. 성공하면 사람들
이 나를 좋아할 것이라고 생각하여 성취에만 몰두하는 것은 큰
착각입니다. 모든 것을 이뤄도 사람을 잃어버린다면 그 인생은
실패한 것입니다.

〈미녀와 야수〉(Beauty and the Beast, 1991)라는 영화에서 주인
공 야수는 원래 왕자입니다. 마법 때문에 야수로 변한 것입니

다. 그는 힘과 돈과 커다란 성채를 소유했지만, 야수가 된 채 혼자서 살아갑니다. 그가 마법에서 풀려나려면 누군가로부터 사랑한다는 말을 들어야 합니다. 하지만 그는 사랑하는 법을 모릅니다. 사랑받는 법을 모릅니다. 그래서 그에게 다가온 사람들을 겁주고 협박하고 상처를 줘서 떠나게 합니다. 그는 그렇게 홀로 지냈습니다.

그러던 어느 날 야수가 미녀를 만나게 됩니다. 그녀를 통해 사랑하는 법을 배우게 됩니다. 그리고 그녀에게서 사랑한다는 말을 들었을 때, 비로소 마법에서 풀려나 왕자로 돌아옵니다.

우리도 마찬가지입니다. 아무리 큰 집과 돈과 지위가 있다고 해도 사랑하며 살아가는 법을 모르면, 꿈을 가로막는 마법은 풀리지 않습니다.

꿈은 관계 속에서 완성됩니다. 관계 속에서 싹트고 자라납니다. 꿈은 믿음의 선조들을 통해 배우고 검증받고 지도받으면서 그 모습을 드러냅니다. 세상적인 리더십과 책에서 꿈을 배우는 게 아닙니다. 꿈은 교회가 인정해 주고, 말씀이 인정해 주는 것이어야 합니다.

우리가 세상적으로 어떤 지위에 올랐는가보다 중요한 것은, 그것이 하나님 나라와 관련이 있는가 하는 것입니다. 그래서 우리는 항상 교회를 사랑하고, 공동체에 소속되어야 합니다. 하나님 나라와 관련될 때 꿈이 이뤄지기 때문입니다.

버려진 게 아니라 뿌려진 것이다

○

야망은 이기적이지만, 꿈은 이타적입니다

요셉의 꿈은 언뜻 보면 자신을 왕따 시킨 형들을 굴복시키고, 그들에게 복수하는 꿈 같습니다. 형들에 대한 불만이 잠재의식으로부터 드러난 꿈인 것 같습니다. 만일 요셉의 꿈이 그런 잠재의식의 발로라면 그것은 야망입니다. 너무나 가난했기에, 업신여김을 받았기에 부자가 되어서 떵떵거리고 큰소리치며 살아 보겠다는 마음이라면 그것은 야망입니다. 배우지 못하고, 가난하고, 무시당한 것이 한이 되어서 뭔가를 이루고자 한다면 그것은 야망입니다. 야망은 이렇게 그 동기와 결과가 개인적이고 이기적입니다.

그러나 요셉이 꾼 꿈은 결국 형들을 먹이고 살립니다. 그의 꿈은 자신을 괴롭히던 형들을 책임지고 살리는 꿈입니다. 그런 면에서 요셉의 꿈은 그의 능력만 넘어서는 것이 아니라 그의 인격도 넘어섭니다. 형들의 잘못을 고자질하며 아버지에게 편애를 받던 이기적인 요셉으로서는 도저히 품을 수 없는 꿈입니다. 하나님이 주시는 꿈은 이렇게 이타적입니다.

오늘날 젊은이들이 식상해하는 것은 이기적인 야망을 꿈이라고 치장하는 기성세대의 꿈 이야기입니다. 젊은이들은 꿈을 이야기하는 대기업 회장, 정치 지도자, 그리고 일부의 대형 교회 목회자들에게서 이기심과 착취와 욕심을 발견합니다. 그래서 어른들이 말하는 꿈이란 단지 기득권을 유지하기 위한 수단일 뿐이라고 생각합니다. 그들의 욕심과 착취의 수단, 그들이 세상을 지배하는 이데올로기일 뿐이라고 여겨 버리는 것입니다. 그러나 진정한 꿈은 그런 게 아닙니다. 진정한 꿈이란, 요셉처럼 국무총리가 되어서 자신만이 아니라 온 세상을 먹여 살리고, 가족과 형제들을 먹여 살리고, 하나님의 백성과 하나님의 교회를 먹여 살리는 것입니다.

야망이라는 목욕물을 버리려다가 꿈이라는 아이까지 버리는 어리석은 실수를 하면 안 됩니다. 우리의 정욕과 욕심은 버려야 하지만, 우리 안에 있는 꿈과 열정과 마음의 갈망까지 버려서는 안 됩니다. 세상은 야망에 사로잡혀서 자신의 모든 열정을 다하여 달려가는데, 꿈을 잊은 창백한 경건으로 세상과 맞설 수 있을까요?

언젠가 신문에서 본 내용입니다. 역사상 세계적으로 위대한 업적을 이룬 인물들을 조사한 결과, 한 가지 공통점이 있었다고 합니다. 약 12만 명을 상대로 한 광범위한 조사에서 그들 대부분은 첫째가 아니라, 동생이나 막내였다고 합니다. 동생들의 성공 확률이 특별히 높은 이유는 무엇일까요? 일반적으로 동생들은 자랄 때 부모로부터 형만큼 인정을 받지 못합니다. 그러다 보니 어떻게든 남들이 알아주는 존재가 되겠다는 경쟁심

버려진 게 아니라 뿌려진 것이다

과 욕구가 생기는 것입니다. "나는 형보다, 언니보다 잘할 거야!" 하다 보니 훌륭한 사람이 되더라는 것입니다.

이러한 경쟁심을 가지라는 것이 아닙니다. 그런 경쟁심으로 살아간다면 그것은 야망입니다. 소원, 열정의 중요성을 말하고자 하는 것입니다. 하나님은 우리 안에 소원을 두고 행하십니다. 우리 인생을 향한 하나님의 뜻을 우리에게 꿈으로 주십니다. 우리로 꿈꾸게 하시고, 소원과 열망을 품게 하셔서 그것을 이루게 하십니다. 주님은 로봇을 원하시는 것이 아닙니다. 우리 안에 있는 소원과 열정을 다해 꿈과 사명을 향해 나아가길 원하십니다. 이 세상은 꿈의 대결이고 열정의 대결입니다.

야망은 욕심을 에너지로 삼지만, 꿈은 믿음을 에너지로 삼아 움직입니다. 믿음은 꿈을 움직이게 하는 힘입니다. 하나님은 우리가 낙심하지 않도록 용기를 주시고, 우리가 발바닥으로 땅을 밟고 일어서도록 불굴의 의지를 주십니다. 그때 하나님이 꿈을 이뤄 가십니다. 그러나 우리가 명심해야 할 것은 내가 하지 않으면 하나님도 아무것도 하지 않으신다는 것입니다.

오래전에 〈연금술사〉(문학동네, 2001)란 책을 읽고 느낀 것이 있습니다. 그 책에는 스페인에 사는 산티아고라는 젊은 양치기가 나옵니다. 어느 날 그는 낡고 쓰러져 가는, 버려진 교회 건물에서 양 떼와 함께 잠을 잤습니다. 그 교회의 성물보관소에는 무화과나무가 심겨져 있었습니다. 그런데 그곳에서 그는 두 번이나 연속해서 같은 꿈을 꾸었습니다. 꿈의 내용은, 이집트의 피라미드 근처에서 보물을 발견하는 것이었습니다. 스페인에서 이집트까지의 길은 사막을 가로질러야 하는 아주 먼 거리였습니다. 하지만 젊은이는 그 꿈을 좇아 이집트 피라미드로 여행을 떠납니다.

우여곡절 끝에 산티아고는 드디어 이집트의 피라미드 앞에 도착합니다. 그리고 보물이 묻혀 있다고 확신한 지점에서 땅을 팝니다. 한참 땅을 파는데 갑자기 군인들이 다가와서는 그가 보물을 숨기려는 줄 알고 그가 가진 모든 것을 빼앗고 그를 두들겨 팹니다. 그때 산티아고는 그들에게 자신의 꿈 이야기를 들려줍니다. 자기가 두 번 꿈을 꾸었는데, 바로 여기에 보물이 묻혀 있는 꿈이었다고 말합니다. 그러자 그중에 대장같이 보이는 사람이 이렇게 말합니다.

"내가 2년 전에 바로 이곳에서 두 번이나 같은 꿈을 꾸었지. 그 꿈에서 나는 어느 스페인의 평원을 찾아갔고, 거기에는 다 쓰러져 가는 교회가 있었고, 그 교회에는 무화과나무가 심겨져 있었지. 그 밑을 파 보니까 보화가 숨겨져 있었어. 그렇지만 젊은이, 그런 꿈을 두 번이나 꾸었다고 사막을 건너는 바보는 없을 거네. 그것을 명심하게."

그들은 돌아갔고 산티아고는 미소를 지었습니다. 그가 고향으로 돌아가 자기가 꿈꾸었던 그 무화과나무 아래를 파 보니

버려진 게 아니라 뿌려진 것이다

그곳에 엄청난 보화가 있었습니다.

제가 이 책에서 느낀 것은 두 가지입니다. 첫째로, 꿈은 대가를 치르는 자가 얻는다는 것입니다. 왜 꿈은 산티아고에게 바로 자기 아래에 있는 보물을 알려 주지 않고, 그 먼 사막을 건너게 했을까요? 결국 꿈은 대가를 지불할 각오가 된 사람만이 얻을 자격이 있음을 보여 주는 것 아닐까요? 둘째로, 대가를 지불하기 싫어서 꿈을 좇지 않으면 그 꿈을 빼앗긴다는 것입니다. 꿈을 꾼 대장이 꿈을 찾아 나서지 않으니까 결국 산티아고가 그 꿈을 접수하려고 먼 이집트까지 간 것은 아닐까요?

꿈을 꾸기 시작하면 주변으로부터
미움과 시기를 받게 됩니다.
그때는 당황하지 마십시오.
그것은 그 꿈을 이뤄 가기 위한 디딤돌일 뿐입니다.

2. 굽힐지언정
결코 부러지지 않겠다

꿈은 미움과 시기의 동굴을 지나야 합니다

하나님이 주신 꿈을 품고 걸어갈 때, 우리는 반대와 장애물을 만날 수밖에 없습니다. 꿈을 이루기 위해 반드시 통과해야 할 관문이 있습니다. 그런데 놀라운 사실은, 그 반대와 장애물을 하나님이 꿈의 디딤돌로 사용하신다는 것입니다.

요셉 역시 그의 앞길을 가로막는 반대와 장애물을 만났습니다. 그 첫 번째 디딤돌은 바로 미움의 디딤돌이었습니다. 요셉이 자신의 꿈 이야기를 하는데, 형들이 그를 아주 미워하고 시기합니다.

○

꿈꾸기 시작하면 미움을 받습니다

요셉은 하나님이 주신 꿈을 꾸기 전부터 이미 형들에게 미움을 받고 있었습니다. 요셉이 형들의 잘못을 자주 아버지에게 고자질했기 때문입니다. 또 아버지가 요셉에게만 채색옷을 입히며 편애했기 때문입니다.

"그의 형들이 아버지가 형들보다 그를 더 사랑함을 보고 그를 미워하여 그에게 편안하게 말할 수 없었더라"(창 37:4).

편안하게 말할 수 없었다는 것은 '샬롬'이란 흔한 인사조차 건네지 않았다는 것입니다. 완전히 모른 체하고 왕따 시켰다는 것입니다. 그런데 그렇게 미움을 받는 상황에서 요셉은 분위기 파악도 못하고, 첫 번째 꿈 이야기를 형들에게 한 것입니다. 그러니 요셉을 향한 형들의 마음이 어떻겠습니까? 얄밉다 못해 화가 치미는 것입니다.

"요셉이 꿈을 꾸고 자기 형들에게 말하매 그들이 그를 더욱 미워하였더라"(창 37:5).

그 꿈의 내용은 형들의 곡식 단이 요셉의 곡식 단에게 절하는 것이었습니다. 요셉이 얼마나 센스가 없던지, 굳이 말할 필요는 없었는데, 이 꿈을 형들에게 말한 것입니다. 그러니 형들 입장에서는 기가 차고 미울 수밖에 없는 것입니다. 그런데 요

버려진 게 아니라 뿌려진 것이다

셉은 흥분을 감추지 못하며 말했습니다. 한글 성경에는 번역하지 않았지만, 히브리어 성경에 보면 '웨힌네'라는 단어가 있습니다. 이 단어는 '보라!'는 뜻의 감탄사로 주의를 환기시킬 때 사용되는 말인데, 본문에서 3번이나 쓰이고 있습니다. 요셉은 감정을 주체하지 못하고 엄청난 흥분에 빠진 것입니다.

"그의 꿈과 그의 말로 말미암아 그를 더욱 미워하더니"(창 37:8하).

요셉의 형들은 요셉이 꾼 꿈 때문만이 아니라, 시쳇말로 그의 말하는 싸가지 때문에 더욱 미웠습니다.

그런데 연이어 요셉은 또 다른 꿈을 꿉니다. 이번에는 열한 개의 별과 해와 달이 요셉에게 절하는 꿈이었습니다. 그러니 형들이 어떻겠습니까? 미움을 넘어서서 요셉을 시기하는 것입니다.

"그의 형들은 시기하되"(창 37:11상).

여기서 '시기한다'는 것은 미움의 뿌리를 말해 주는 것으로 의미심장한 표현입니다.

구약에서 꿈을 꾼다는 것은 하나님의 계시를 의미합니다. 같은 꿈을 두 번 겹쳐서 꿨다면, 이는 그 꿈이 확실하게 이뤄질 것을 뜻했습니다. 결국 이 꿈은 하나님이 요셉을 선택하셨음을 의미합니다. 아브라함이 이 꿈을 꾸었고, 이삭과 야곱도 그랬습니다. 요셉이 꿈을 꾼다는 것은 하나님이 그를 선택하셨음을 뜻하는 것이었습니다. 형들은 요셉의 꿈 이야기를 들으면서 그것을 직감했습니다. 그래서 미움을 넘어서서 시기심이 발동한 것입니다. 아버지가 요셉을 편애해서 채색옷을 입히고 장자처럼 대하는 것도 기분 나쁜데, 이번에는 하나님까지 요셉을 선택하셨다니, 형들의 기분이 어떻겠습니까? 하나님이 가인의 제사는 받지 않으시고 아벨의 제사만 받으실 때 가인의 안색이 변했던 것처럼(창 4:5), 형들의 안색이 변한 것입니다. 시기했다는 것은 바로 그런 의미입니다.

왜 꿈이 미움을 받는지, 이제 그 이유에 대해 나옵니다. 그것은 꿈이 주어질 대상을 선택할 때, 그 순서가 공평하지 않다는 것입니다. 요셉은 순서상으로 11번째였습니다. 형들의 불만은 '어떻게 위로 형들이 10명이나 있는데, 다 제치고 요셉에게 돌아가느냐'는 것이었습니다. '어떻게 나이, 질서, 배경, 학력, 이런 것을 다 무시하느냐'는 것이었습니다. 게다가 요셉은 눈치조차 없는, 인격적으로도 미성숙한 사람이었습니다. 그런데 하나님이 '어떻게 이 같은 선택을 하실 수 있느냐' 불공평하다는 것입니다.

그러나 하나님은 우리의 상식을 뛰어넘으시는 분입니다. 야곱을 선택하실 때도 그러셨습니다. 장자인 에서를 제쳐 두시고, 사기꾼 같은 야곱을 선택하셔서 축복하셨습니다. 결국 꿈이 미움을 받는 것은, 하나님의 선택이 노력대로, 자격대로 주

버려진 게 아니라 뿌려진 것이다

어지지 않아서 불공평하다는 데 그 이유가 있습니다.

이를 잘 보여 주는 희곡이 피터 쉐퍼(Peter Shaffer)의 〈아마데우스〉(Amadeus, 1984)입니다. 실화를 바탕으로 한 이 작품에는 모차르트(Wolfgang Amadeus Mozart)를 시기하는 살리에리(Antonio Salieri)의 내면이 잘 나타나 있습니다.

살리에리는 궁중음악가로 인정받던 유능한 사람이었습니다. 그러던 어느 날 천방지축 모차르트가 작곡한 악보를 우연히 보게 됩니다. 그 악보는 머릿속에서 떠오른 대로 작성한 초안이었습니다. 고친 흔적도 없었습니다. 그런데 너무나도 완벽했습니다. 그가 음표 하나, 쉼표 하나만 바꿔도 곡이 망가질 정도로 너무나 완벽했던 것입니다. 그 악보를 보고 살리에리는 충격을 받고 그 자리에서 쓰러집니다. 얼마 후 시계 종소리에 깨어난 그는 누워서 천장을 바라보며 하나님께 이렇게 말합니다.

"오늘 밤 어느 여인숙에 있을, 킬킬거리며 웃기 잘하는 아이가 당구를 치면서 대충 쓴 악보들은 제가 가장 잘 쓴 작품들을 생명력 없는 낙서로 만들어 버렸습니다. 오늘에 이르기까지 저는 힘을 다해 덕을 추구해 왔고, 이웃을 구제하기 위해 오랜 시간 땀을 흘렸고, 당신이 허락하신 재능을 개발했습니다. 그런데 저의 유일한 보상은 저 모차르트를 알아보는 이 시대의 유일한 사람이 되는 것뿐이군요."

그리고 그는 선언합니다.

"이 시간부터 당신과 나는 서로 적이올시다. 나는 당신으로부
터 그것을 받아들이지 않을 것입니다."

이 심정이 이해되십니까? 노력도 안 한 미성숙한 사람이 어떻
게 나같이 최선을 다해 노력하는 사람보다 더 탁월할 수 있단
말입니까? 도저히 인정이 안 되는 것입니다. 요셉의 형들의 심
정이 꼭 그러한 것입니다. 갑자기 빌 게이츠(Bill Gates), 스티브
잡스(Steve Jobs), 마윈(Ma Yun) 같은 천재가 나오고 마크 저커버
그(Mark Elliot Zuckerberg) 같은 젊은이가 나타나서 그동안의 땀과
노력을 일거에 우습게 만들어 버릴 때, 그들은 용납이 안 되는
것입니다. 하나님이 불공평하다고 느껴지는 것입니다.

사람들이 꿈을 공격하고, 소명을 공격하고, 다른 이의 재능
을 공격하는 이유가 바로 여기에 있습니다. 하나님이 불공평
하게 은혜를 베푸셔서 나를 초라하게 만들었다는 것입니다. 그
래서 살리에리가 하나님께 대들었고, 가인도 아벨에 대한 질투
때문에 하나님께 대들었습니다. 사울도 다윗에 대한 시기심 때
문에 하나님에게서 영원히 등을 돌린 것입니다.

우리나라를 한번 보십시오. 우리나라 사람들은 평등 의식
이 아주 높습니다. 이 평등 의식 때문에 우리나라에 민주주

버려진 게 아니라 뿌려진 것이다

의가 일찍 싹트고, 동시에 각종 산업이 발달할 수 있었습니다. 이웃 나라가 하면 "너희만 하냐? 우리도 한다"는 식이었습니다.

그런데 우리나라의 평등 의식은 경쟁적 평등주의여서 내가 남보다 못하면 그것을 불평등하다고 느끼고 못 견뎌 합니다. 우리나라의 경제 불균형이 다른 나라에 비해 더 심한 좌절과 분노를 일으키는 것 역시 우리의 경쟁적 평등의식에 기인한다고 할 수 있습니다. 문제는 이것이 서열 문화를 만든다는 것입니다. 튀는 것을 못 견뎌 하고, 아랫사람이 앞서가는 것을 용납하지 못하는 문화를 만듭니다.

교육과 혁신 연구소의 이혜정 소장이 쓴《서울대에서는 누가 A+를 받는가》(다산에듀, 2014)란 책을 소개한 기사를 읽은 적이 있습니다. '천재들의 공부법'을 연구해서 발표하려고 했다가 포기하고 이 책을 쓴 것인데, 결론은 무엇이었을까요? 어이없게도 서울대학교에서 A+를 받는 학생들의 대다수가 교수님의 말을 농담까지 다 받아쓰고, 시험 볼 때 그것을 그대로 쓰는 학생들이라는 것입니다.

바로 이것이 한국 사회의 분위기를 대변하는 게 아닐까요? 우리나라는 천재를 죽이고 영감을 말살시키는 문화를 갖고 있습니다. 아이들이 무슨 생각을 하고 있고 그것을 어떻게 전달하는가에 관심을 가지는 것이 아니라, 말하는 태도부터 지적합니다. "어디 어른 말에 토를 달아?"

아마도 요셉이 말하는 모습을 보았다면, 그의 형들처럼 우리도 "싸가지 없다"고 말했을지 모릅니다. 요셉 한 명 때문에 그 가족이, 그 민족이, 전 세계가 사는 것인데, 그 꿈을 알아주고 박수 쳐 주기는커녕 "싸가지 없다, 꿈쟁이다, 허풍쟁이다"라고 비난하고 그를 왕따 시키고 미워하고 시기했을 것입니다. 바로 이것이 우리의 모습입니다.

결국 본문 말씀이 우리에게 전하고자 하는 것은 무엇입니까? 요셉의 형들처럼 불공평하다고 외치는 이들이 가득한 이 세상에서, 하나님이 주신 꿈을 꾸고 그 꿈을 이뤄 가는 일은 결코 박수 받는 평안한 길이 아니라는 것입니다. 은혜 받았다고 간증하고, 주님이 재능과 은사와 꿈을 주셨다고 간증할 때, 열정을 다해서 주님을 섬길 때 박수만 있을 것 같습니까? 결코 그렇지 않습니다.

모차르트는 그의 고향 잘츠부르크에서 사람들로부터 인정받지 못했습니다. 아내의 배신과 경제적인 염려로 절망 가운데 살다가 35세의 나이로 세상을 떠났습니다. 오늘날 천재로 알려진 모차르트, 당대 최고의 재능을 가진 인물이 어떻게 그렇게 인정받지 못할 수 있을까요? 또 천재 화가 반 고흐(Vincent van Gogh)는 어떻습니까? 지금은 그의 그림 한 점이 수백억에 팔리지만, 당대에 그는 동생 테오(Theo van Gogh)의 도움

버려진 게 아니라 뿌려진 것이다

으로 근근이 살면서 작품 활동을 하다가 비운의 삶을 마감했습니다.

그래도 우리는 하나님으로부터 꿈을 받았고 그만큼 열정이 있으니까 이 세상이 나를 돕고 주변 사람들이 나를 격려할 것이라고 생각되나요? 바울은 엄청난 소명과 선택, 꿈을 받았습니다. 그러나 누구도 그를 인정하지 않았고, 동료들조차 의심했습니다. 그는 가는 곳마다 동족들에게 핍박을 받아야 했습니다. 그는 텐트 만드는 일을 하면서 자신의 꿈을 이뤄 나가야 하는 어려운 형편 속에 있었습니다. 대사도인 그도 꿈에만 전념하도록 환경이 받쳐 주지 못했던 것입니다.

세상이 나를 알아주지 않는다고요? 비단 당신만의 문제는 아닐 것입니다. 할 수만 있다면 모든 사람을 알아주지 않으려고 하는 게 세상이니까요. 천재 소리를 들을 만큼 재능이 있으면 대접받을 것 같나요? 콩쿠르에 입상하면 앞길이 창창할 것 같나요? 명문 대학교를 나오면 잘나갈 것 같나요? 우리의 꿈이 클수록, 재능이 탁월할수록, 열정이 가득할수록 우리는 미움을 받습니다. 시기와 질투를 받습니다. 사람들은 요셉의 형들처럼 우리를 인정해주지 않습니다. 그래서 때로 밥도 굶어야 하고 억울하게 팔려 가기도 하는 것입니다.

○

미움은 꿈을 막지 못합니다

우리가 꿈을 좇다 보면, 열정적으로 주님을 섬기다 보면 반드시 미움과 시기를 만나게 됩니다. 그때 그것을 두려워하거나 이상하게 생각하고 좌절하면 안 됩니다. 그때는 다음의 두 가지를 생각하면 됩니다.

첫째, 미움과 시기는 우리를 대적하는 것이 아니라, 우리에게 꿈을 주신 하나님을 대적하는 것입니다.

"세상이 너희를 미워하면 너희보다 먼저 나를 미워한 줄을 알라 너희가 세상에 속하였으면 세상이 자기의 것을 사랑할 것이나 너희는 세상에 속한 자가 아니요 도리어 내가 너희를 세상에서 택하였기 때문에 세상이 너희를 미워하느니라"(요 15:18~19).

우리를 미워하는 것이 아닙니다. 예수님을 미워하는 것입니다. 그러니 자책하거나 꿈과 열정을 포기하지 마십시오.

둘째, 미움과 시기는 결코 하나님의 꿈을 가로막지 못한다는 사실을 기억해야 합니다. 형들이 요셉을 미워하고 시기하여 그를 팔아 버렸지만, "그래서 네 꿈이 어찌되나 보자"라고 했지만, 그들의 미움은 요셉의 꿈을 파괴하지 못했습니다. 오히려 그 꿈을 이루는 디딤돌이 되었습니다. 요셉은 그 덕에 애굽으로 유학 가서 그곳에서 꿈을 이루게 됩니다. 만일 형들이 미워하지 않았

버려진 게 아니라 뿌려진 것이다

다면 요셉이 어떻게 유학을 갔겠습니까?

다윗을 향한 사울의 미움과 시기가 아무리 커도 다윗을 향한 하나님의 꿈을 파괴할 수는 없었습니다. 오히려 그 미움 속에서 다윗은 하나님의 꿈을 이룰 인격적 그릇을 준비하게 됩니다. 진정한 성군으로 준비되어 갑니다. 제사장들이 예수님을 시기하고 미워해서 예수님을 십자가에 못 박았습니다. 그래서 예수님의 꿈이 무너졌습니까? 그 시기가 예수님으로 하여금 인류의 구원자가 되게 하지 않았습니까?

미움은 이렇게 디딤돌이 됩니다. 그러니 미움과 박해와 시기와 질투가 있다고 해서 좌절하거나 절망해서는 안 됩니다. 그로 인해 꿈, 열정, 소명을 포기한다면 그 꿈을 가로막은 것은 사람들의 미움과 시기가 아니라, 그것을 디딤돌이 아닌 장애물로 여긴 우리의 불신앙입니다.

○
잘나가는 요셉을 우리도 만나게 됩니다

또 한 가지 짚고 넘어가야 할 것은, 우리 주변에서 잘나가는 요셉을 만날 수 있다는 것입니다. 나보다 잘나가는 요셉을 반드시 만나게 됩니다. 그때 우리는 요셉의 형들같이 시기와 질투의 사람이 되지 않도록 주의해야 합니다. 특별히 생각해야 할 세 가지가 있습니다.

첫째, 우리가 주변에서 칭찬받고 잘나가는 누군가를 은근히 깎아내릴 때, 우리는 그 사람이 아니라 하나님을 대적하는 것입니다.

둘째, 누군가 그를 칭찬할 때 내가 초라해진다면, 그것은 내가 과도한 자기애를 갖고 있다는 뜻입니다. 내가 아직도 옛사람으로, 자기 연민에 충만한 사람으로 살아가고 있는 것입니다.

우리는 이미 옛사람이 죽은 거듭난 새사람입니다. 사촌이 땅을 사면 배 아파하는 것이 아니라 축하의 화환을 보내 주는 새사람으로 거듭났습니다. 사촌이 대학에 합격하면, 얼른 전화를 걸어서 함께 기뻐하고 축하해 줍니다. 친구의 아들이 좋은 직장에 들어가고, 이웃집 남편이 승진을 하면 축하의 박수를 쳐 줍니다. 이것이 새사람으로 거듭난 진정한 그리스도인의 모습이 아닐까요?

주님은 "즐거워하는 자들과 함께 즐거워하고 우는 자들과 함께 울라"(롬 12:15)고 하셨습니다. 누군가의 슬픔에 함께 슬퍼하는 것보다 어쩌면 더 어려운 것이 누군가의 즐거움에 함께 즐거워하는 것입니다.

모임 속에서 삶을 나눌 때 경험하는 아쉬운 점 한 가지가 있습니다. 누군가 자신의 연약함, 실수, 고통을 나눌 때 우리는 '아,

버려진 게 아니라 뿌려진 것이다

저 사람도 나와 같은 문제를 가지고 있구나' 하면서 많은 위로를 받게 됩니다. 그리고 그를 진심으로 위로해 줍니다. 특히 겉으로는 당당해 보이던 분이 자신의 연약함을 고백할 때는 받는 은혜가 더 큰 것 같습니다. 그런데 누군가 자신의 기쁨과 즐거움을 나눌 때는 그가 슬픔을 나눌 때처럼 공감해 주지 못할 때가 많습니다. 그래서 자신에게 일어난 좋은 일을 몇 번 나누다가 사람들이 별로 기뻐하지 않는 것을 눈치채면, 그다음부터는 좋은 일은 감추고 안 좋은 일만 나누게 됩니다. '사람들이 잘난 척 그만하라고 비꼬는 것은 아닐까' 하고 눈치를 보게 되기 때문입니다.

고통을 함께 나누는 공동체를 만나는 것이 쉬운 일은 아닙니다. 하지만 기쁨을 나눌 때, 그것을 자신의 일처럼 기뻐해 줄 공동체를 만나는 것은 더욱 어려운 일인 것 같습니다.

누가 진정한 친구요, 가족일까요? 바로 즐거움을 함께 나누는 사람들입니다. 우리 아이가 원하는 대학교에 들어가고, 남편이 회사에서 승진하고, 오랜 기도 제목이 응답을 받는 감사한 일들이 있는데도 잘난 척한다고 할까 봐 말도 못하는 분위기라면 그건 진정한 가족이 아닙니다. 늘 고통만 나누고, 즐거운 일은 나눌 수 없다면 그건 성숙한 공동체가 아닙니다.

셋째, 우리는 각자의 경주를 달려가는 것이지 서로 경쟁하는 것이 아니란 사실을 기억해야 합니다. 베드로가 자신과 항상 라이벌이었던 요한은 어찌 되느냐고 묻자 예수님이 뭐라고 하셨습니까? "네가 무슨 상관이냐?"고 하셨습니다. 베드로에게는 베드로의 길이 있고, 요한에게는 요한의 길이 있다는 것입니다.

친구가 잘 되는 것이 내 길을 막는 게 아닙니다. 하나님이 요셉에게 주신 꿈이 형들의 앞길을 막았나요? 아닙니다. 그 꿈은 요셉만을 위한 게 아니라 바로 형들을 위한 것이었습니다. 우리가 주님의 꿈을 품고 각자의 길을 열심히 달려가면, 우리는 서로 한편이 되어 각자의 꿈으로 서로를 축복하게 됩니다. 우리가 다른 지체의 잘됨을 축하하고 그의 꿈을 격려할 때, 그 축복은 우리를 향하게 됩니다. 축복하는 자에게 축복이 오고, 박수 치는 자에게 박수가 오는 것입니다. 그러나 시기하는 자, 미워하는 자는 자기편을 죽이고 자신의 미래를 허물게 됩니다. 그것이 바로 요셉의 형들이 한 행동입니다.

이처럼 꿈을 향해 걸어가는 길에는 미움과 시기라는 통과해야 할 관문이 있습니다. 그 앞에서 절대로 포기하지 마십시오. 그것은 하나님이 우리의 꿈을 이루시는 디딤돌입니다. 그것을 믿음으로 바라보고, 그 꿈을 향해 힘 있게 걸어가길 진심으로 기도합니다.

버려진 게 아니라 뿌려진 것이다

꿈을 가로막은 것은 사람들의 미움과 시기가 아니라,

그것을 디딤돌이 아닌 장애물로 여긴

우리의 불신앙입니다.

꿈을 꾸는 사람은 매력적입니다.
그래서 여기저기서 유혹을 해 옵니다.
유혹을 이길 다른 방법을 찾지 마십시오.
유혹을 이기는 방법은, 오직 하나님과 동행하는
경건한 생활뿐입니다.

3. 삼보 전진을 위한
일보 후퇴다

꿈을 꾸기 시작하면 유혹이 찾아옵니다

○

꿈꾸는 사람은 매력적입니다

요즘 방송에서 심심치 않게 교회 오빠라는 말을 자주 듣게 됩
니다. 남자들 사이에서는 여친의 주변 관계 중 교회 오빠가 가
장 경계해야 할 경쟁 상대 1호라고 합니다. 네이버에 검색해
보니 교회 오빠라는 이미지는 '하얀 피부에 선한 인상의 외모
를 갖추고, 성실하고 부지런하고 예의 바르며, 깔끔한 셔츠에
면바지 같은 단정한 복장을 입고, 문란하지 않고 여자관계도

깔끔하며, 긍정적인 표현을 잘 하고, 기타나 피아노 같은 악기를 다루며 맑은 목소리로 노래 부르는, 자매들이 딱 좋아할 만한 매력적인 존재'를 의미한다고 합니다. 이글을 읽으면서 왠지 흐뭇한 마음이 들었습니다.

예수님과 동행하다 보면 예수님처럼 온유하고, 자상하고, 성실하고, 마음이 너그럽고, 참을성이 있고, 상대방을 잘 배려하고, 고민을 들으면 지혜로운 조언을 해 주고, 기쁨이 넘치고, 밝고, 인사도 잘 하고, 순결한 사람이 된다는 것입니다. 이런 사람을 누가 좋아하지 않겠습니까?

하나님과 동행하는 꿈의 사람 요셉도 아주 매력적인 존재로 나타납니다. 성경은 꿈을 향해 걸어가는 요셉의 삶의 특징을 4가지로 묘사합니다.

첫째, 요셉의 삶에 하나님의 섭리가 함께했습니다.

"요셉이 이끌려 애굽에 내려가매 바로의 신하 친위대장 애굽 사람 보디발이 그를 그리로 데려간 이스마엘 사람의 손에서 요셉을 사니라"(창 39:1).

형들이 은 20개를 받고 요셉을 미디안 상인들에게 팔았습니다. 그리고 미디안 상인들은 요셉을 보디발의 집에 팔았습니다. 그들은 자신들의 이익에 따라 거래했는데, 참 신기하게도 그 거래가 요셉의 비전을 돕고 있습니다. 그렇게 요셉은 국무총리로 가는 첫걸음을 걷게 됩니다. 바로 이것이 하나님의 섭리입니다. 당장에는 이익을 추구하는 세상의 원리가 모든 것을 주관하는 것처럼 보이지만, 결국에는 꿈꾸는 자가 이익을 좇는 자를 다스리는 것입니다. 이 세상은 꿈꾸는 자가 다스리게 되어 있습니다.

둘째, 요셉의 삶에 여호와 하나님이 함께하셨습니다.

"여호와께서 요셉과 함께하시므로 그가 형통한 자가 되어 그의 주인 애굽 사람의 집에 있으니"(창 39:2).

'여호와께서 함께하신다'는 말이 2~3절에 2번 나옵니다. 스키장이나 관광지에서 곤돌라를 탈 때 우리가 바른 위치에 서 있으면 리프트가 와서 우리를 높은 곳으로 올려 줍니다. 이처럼 우리가 하나님을 만나고 그분과 동행하는 길이 바로 꿈의 길입니다. 주님이 우리를 부르신 소명의 길에 서 있으면 그때부터 하나님이 함께하시는 것입니다. 꿈을 향해 걸어가는 요셉의 인생은 하나님이 함께하시는 인생이었습니다.

셋째, 요셉은 형통한 자가 되었습니다. 2절을 보면 그가 형통한 자가 되었다고 합니다. 여기서 '형통한'은 사역형동사로 '형통하게 하는'이라는 의미입니다. '형통하다'라는 히브리어 단어는 '번영하다'라는 의미도 함께 갖고 있습니다. 즉, 요셉이 번영케 하는 자라는 것입니다. 요셉이 가는 곳마다 번성하는 일이 일어난다는 것입니다. 그가 가는 곳마다 안 되던 일이 되고, 우울한 곳에 기쁨이 생기고, 성공하고, 풍년이 들어 소출이

늘고 열매가 가득하고, 일이 효율적으로 진행된다는 것입니다.

넷째, 요셉은 매력적인 존재가 되었습니다. 이것이 이 단락의 결론입니다.

"주인이 그의 소유를 다 요셉의 손에 위탁하고 자기가 먹는 음식 외에는 간섭하지 아니하였더라 요셉은 용모가 빼어나고 아름다웠더라"(창 39:6).

요셉의 용모가 빼어나고 아름다웠다는 것은, 단지 외모만을 말하는 것이 아닙니다. 이것은 요셉이 모든 면에서 성숙하고, 매력적인 존재가 되었다는 것을 말해 주는 구약적인 표현입니다. 하나님이 주신 꿈을 품고 살 때 우리도 요셉처럼 매력적인 사람이 될 수 있습니다. 이것이 성경이 말하고자 하는 핵심입니다.

요즘 교회 오빠가 상종가를 누리는 반면, 교회 누나들은 어려움을 겪는 것 같습니다. 좋은연애연구소의 김지윤 소장이 청년들에게 하는 데이트 특강을 들은 적이 있습니다. 교회에서조차 형제들이 헌신적인 자매가 아니라 새 신자를 좋아한다는 것입니다. 이러한 이야기를 들으면 혼기를 놓친 자매들이 떠올라서 목회자로서 가슴이 아픕니다. 그렇다면 왜 형제들은 소위 주님께 헌신된 헌신녀가 아니라 새 신자인 새신녀를 좋아할까요? 형제들이 싫어하는 헌신녀는 교회 문화에 익숙한 자매가 아닐까 싶습니다. 허스키한 목소리로 "할렐루야!" 하고 전도사님처럼 말하는 자매, 만나면 온통 교회 이야기만 하는 자매, 말

버려진 게 아니라 뿌려진 것이다

씀을 잘 알아서 남친을 만나면 가르치길 좋아하는 자매, 보통 사람은 알 수 없는 신비스러운 제스처를 취하면서 기도하고 찬양하는 자매를 의미하는 것 같습니다. 사실 저라도 좀 부담스러울 것 같습니다. 그러나 제가 만나 본 경건한 자매들은 정말 매력적입니다. 그 자매들에 비해 형제들의 믿음이 뒤떨어지는 것이 문제죠. 교회 누나들이 사실은 훨씬 더 매력적이고 성숙합니다.

요즘 교회 권사님들이 시어머니로서는 기피 대상이라는 말도 회자되고 있습니다. 이러한 것들은 모두 주님과 동행하며 성숙해지기보다 그저 교회 생활에만 익숙하고 율법적인 모습으로 변질되어 가는 것을 꼬집는 말입니다. 저는 사귀는 형제는 좀 부족함이 있어도 예수님을 닮은, 성숙한 권사님이신 시어머니를 보고 결혼하는 자매들을 여럿 보았습니다. 요셉처럼 하나님이 주신 꿈을 품고, 그리스도에게 헌신하며 동행하는 사람은 매력이 없을 수가 없습니다.

○

꿈의 사람에겐 반드시 유혹이 찾아옵니다

모두를 형통하게 하는 매력적인 존재가 되면 좋을 것 같지만, 반드시 유혹이 함께 찾아옵니다.

"그 후에 그의 주인의 아내가 요셉에게 눈짓하다가 동침하기를 청하니"(창 39:7).

보디발의 아내가 요셉을 유혹하는 것입니다.

유혹은 은혜 충만할 때 찾아옵니다

유혹이 온 때를 '그 후에'라고 표현하고 있습니다. 그 후에는 언제일까요?

첫째, 요셉이 매력적인 존재가 되었을 때입니다. 보디발은 하나님이 함께하시는 매력적인 요셉을 존귀하게 봤는데, 보디발의 아내는 그를 육체적인 안목으로 봤다는 것에 주의해야 합니다. 나는 성령 충만하고 오직 주님만 바라보고 섬기니까, 어떤 유혹도 나를 넘어뜨릴 수 없다고 생각하나요? 절대 그렇지 않습니다. 성령 충만하고 주님을 사랑하기 때문에 유혹이 찾아오는 것입니다. 마귀가 언제 주님을 시험했습니까? 예수님이 광야에서 40일간 금식하시고 성령 충만하실 때였습니다. 우리는 성령 충만, 은혜 충만의 때에 가장 멋진 존재로 거듭납니다. 그런데 그런 여러분을 보디발의 아내처럼 육체적 매력으로만 바라보는 사람들이 있다는 사실을 기억해야 합니다. 바로 그때 유혹이 찾아오는 것입니다. 주님과 뜨겁게 교제하고 있습니까? 그렇다면 조심하십시오. 그 순간이 넘어질 수 있는 가장 위태로운 순간입니다.

버려진 게 아니라 뿌려진 것이다

둘째, 요셉이 걸어온 11년의 결과의 때, 즉 요셉이 형통할 때입니다. 형통의 때는 유혹의 때입니다. 다윗이 언제 넘어졌습니까? 바로 형통의 때입니다. 히스기야도 마찬가지입니다. 한국 교회도 고난이 지나고 형통할 때부터 목회자들이 넘어지기 시작했습니다. 이 형통의 때에 여기저기서 손짓을 합니다. 그동안 만나 보고 싶었고 흠모했던 유명한 사람들이 나를 알아보고 연락하기 시작합니다. 부자들의 사교 클럽에서 함께하자고 손짓합니다. 그러면 '드디어 세상이 나를 알아주는구나' 하면서 한 걸음씩 유혹의 길로 가게 되는 것입니다.

영국의 저명한 신학자 존 위클리프(John Wycliffe)는 이런 말을 했습니다.

"언덕이 높을수록 바람이 거세진다. 이처럼 인생에서도 가장 거룩하고 높은 단계에 있을 때 유혹을 가장 많이 받는다."

유혹은 강력합니다

• 매혹적인 유혹

보디발의 아내가 어떻게 요셉을 유혹했습니까? 먼저 눈짓을 합니다. "그 후에 그의 주인의 아내가 요셉에게 눈짓하다가 동침하기를 청하니"(창 39:7).

이 눈짓은 매혹적인 모습을 내포하는 것입니다. 아마도 이 여인은 진한 화장을 하고, 야한 옷을 입고, 진한 향수를 뿌리고, 콧소리를 내면서 매혹적인 모습으로 다가갔을 것입니다. 그러니 혼자 사는 요셉의 마음이 흔들리지 않았겠습니까?

• 끈질긴 유혹

"여인이 날마다 요셉에게 청하였으나"(창 39:10상).

요셉이 한 번 거절했음에도 불구하고 이 여인은 매일 조르고 또 졸랐습니다. 들릴라가 삼손의 힘의 비밀을 알아낸 전법이 바로 이것입니다.

"날마다 그 말로 그를 재촉하여 조르매 삼손의 마음이 번뇌하여 죽을 지경이라"(삿 16:16).

물방울에 바위가 패이듯 이렇게 계속 유혹이 다가오면 안 넘어가기가 어렵습니다. 순간 마음이 약해지고, 결심이 흔들릴 수 있는 것입니다.

• 지위를 앞세운 유혹

보디발의 아내의 유혹은 상당한 압력을 행사하는 유혹입니다. 거절하면 불이익이 올 수 있고, 수락하면 반대로 이익이 생길 수 있는 유혹입니다. 10년 동안 쌓아 온 것이 한순간에 위험해질 수 있는 유혹인 것입니다. 요셉의 마음을 뒤흔들 만

버려진 게 아니라 뿌려진 것이다

큰 강력한 유혹인 것입니다. 이런 유혹이 세상에는 많습니다.

요셉이 여기서 넘어지면 그를 향한 하나님의 꿈도 깨지게 되는 절박한 순간입니다. 정말 중대한 기로에 놓인 것입니다. 마귀는 이렇게 유혹해서 한 사람을 꿈의 길에서 멀어지게 합니다. 그 많은 고난을 겪은 요셉에게도 가장 힘든 위기의 순간이 찾아온 것입니다.

유혹을 이기려 하지 말고 피해야 합니다

요셉은 이 유혹을 어떻게 이겨 냈을까요? 요셉의 대처 방법은 무엇이었는지 살펴보겠습니다.

• 분명하게 거절해야 합니다

"요셉이 거절하며 자기 주인의 아내에게 이르되 내 주인이 집안의 모든 소유를 간섭하지 아니하고 다 내 손에 위탁하였으니 이 집에는 나보다 큰 이가 없으며 주인이 아무것도 내게 금하지 아니하였어도 금한 것은 당신뿐이니 당신은 그의 아내임이라 그런즉 내가 어찌 이 큰 악을 행하여 하나님께 죄를 지으리이까"(창 39:8~9).

요셉은 거절의 이유를 설명하고 분명하게 거절했습니다. "나는 이러한 윤리관과 가치관과 신앙관 때문에 당신의 요구에 응할 수 없습니다." 이렇게 거절하는 것이 중요합니다. 단호하게 이야기해야 합니다. 특히 미혼 자매들은 형제들이 육체적 관계를 요구할 때 분명하고 단호하게 자신의 의사를 표현해야 합니다. 온유하지만 분명하게 말해야 합니다. 틈을 주면 안 됩니다.

• 정들지 말아야 합니다

"여인이 날마다 요셉에게 청하였으나 요셉이 듣지 아니하여 동침하지 아니할 뿐더러 함께 있지도 아니하니라"(창 39:10).

요셉은 그 여인과 함께 있으려 하지 않았습니다. 남녀가 함께 있으면 꼭 문제가 생깁니다. 함께 있다 보면 정이 들고, 남녀 사이에 정이 들면 그다음은 시간문제입니다. 그런 면에서 함께 있지 않는다는 의미를 이렇게 적용하고 싶습니다. "다른 이성과는 정들지 않겠다."

저는 아내 외에는 다른 어떤 여성과도 정들지 않겠다고 결심했습니다. 제 아내에게 말 못할 이야기라면, 다른 어떤 여성과도 말하지 않겠다는 것입니다. 여성과 단둘이 마음에 있는 이야기를 나누지 않겠다는 결심입니다. 우리가 직장에서, 교회에서 어쩔 수 없이 이성과 함께 일해야 할 때가 있습니다. 그때 중요한 것은 결코 정들지 않겠다는 기준을 정하는 것입니다.

첫째, 힘든 이야기는 이성에게 하지 않아야 합니다. 힘든 이야기나 고민은 가급적 동성과 나누길 바랍니다. 동성 간에도 충분히 위로받고 도움 받을 수 있습니다. '문자 정도는 괜찮겠지' 하는 생각은 위험합니다. 문자를 보내야 할 경우가 생기더라도 최대한 용건만 간단히 보내서 어떤 틈도 허용하지 않아야 합니다.

둘째, 서로 감시해야 합니다. 저는 우리 교회의 교역자들에게 저를 감시해 달라고 자주 부탁합니다. 혹여라도 의혹거리가 될 만한 요소들은 사전에 차단해 달라고 부탁합니다.

언젠가 매우 피곤한 일정 속에서 먼 곳에 심방을 가야 하는데, 동행해 줄 교역자가 필요했습니다. 누가 좀 같이 가 줄 수 없겠느냐고 요청하자 대부분 다른 일정들이 있었는데, 한 젊은 여전도사님이 자신이 시간이 된다고 했습니다. 그러나 그분과 단 둘이 갈 수는 없었습니다. 그래서 고맙게만 생각하고, 그냥 혼자 가기로 했습니다. 그런데 그날 오후에 어느 교역자로부터 제게 문자가 왔습니다. "목사님 아무리 힘드셔도 젊은 여전도사님과는 함께 가시지 않는 것이 좋겠습니다." 저는 그 문자를 받고, 저를 보호해 주고자 하는 그분의 마음에 참 감사하고 기뻤습니다.

이렇게 우리를 감시해 주는 사람들이 필요합니다. 우리 교회는 담임목사실도 부교역자실을 통과해서 들어가는 구조로 되어 있습니다. 그렇게 함으로써 모든 불미스러운 일들을 사전에 차단하려는 것입니다.

우리는 교회 안에서 서로 도와줘야 합니다. 성가대나 주일

학교 등 이성끼리 매주 부딪치고 함께하는 부서일수록 서로 조심하고 감시해야 합니다. 신앙적으로 성숙하고 연세가 있으신 분들은 젊은 성도들을 감시해 주셔야 합니다. 혹 너무 친밀한 것 같으면 그들을 위해 일이 벌어지기 전에 권면해 줘야 합니다.

셋째, 음란물, 음란 웹툰, 음란 영화 등의 환경적인 요소를 제거해야 합니다. 이성 외에도 함께 있을 때 우리의 신앙을 넘어뜨리는 여러 요소들이 있습니다. 그것들을 내 주변에서, 내 컴퓨터에서, 내 스마트폰에서 싹 제거해야 합니다. 성령 충만할 때 그것들을 완전히 제거하여 유혹의 때에 손쉽게 그것들을 접하지 못하도록 철조망을 굳게 쳐 놓아야 합니다.

넷째, 배우자(또는 가족)와의 관계를 더욱 친밀하게 해야 합니다. 하나님이 짝지어 주신 배우자는 우리를 지키는 가장 큰 무기요, 방패입니다. 배우자와의 관계가 멀어질수록 스스로를 지킬 힘이 약해집니다. 배우자와의 관계가 깊고 친밀할수록 유혹에 넘어지지 않을 수 있습니다. 특별히 아내들은 남편들의 성적 욕구를 외면하면 안 됩니다. 때로 너무나 경건한 아내들이 부부 관계를 육적이고, 속 된 것으로 생각하는 경향이 있는 것 같습니다. 그러나 그렇지 않습니다. 성생활은 부부 관계 안에서 하나님이 주신 축복이고 거룩한 사랑의 연합인 것입니다. 또한 남편의 성적인 욕구를 채워줄 수 있는 사람은 아내 외에는 없

버려진 게 아니라 뿌려진 것이다

습니다. 오직 부부만이 하나님 앞에서 서로의 욕구를 채워주도록 허락받은 유일하고 합법적인 사람입니다. 밥은 밖에 나가서 사 먹거나 대신 준비해 줄 사람도 있지만 성적 욕구를 채워 줄 수 있는 사람은 부부 외에는 없습니다. 그런데 부부가 서로의 성적인 욕구를 등한시한다면, 그것은 상대방을 유혹으로 밀어 넣는 것과 같은 것입니다.

그 밖에도 스트레스를 풀어 줄 좋은 취미 활동이나 운동을 하거나 동성 친구들과 우정의 관계를 만드는 것도 유혹으로부터 우리를 지키는 방법입니다.

• 이기려고 하지 말고 피하십시오

그럼에도 보디발의 아내는 포기하지 않았습니다. 기회를 보고 있었는데 마침내 단둘이 있는 날이 왔습니다.

"그러할 때에 요셉이 그의 일을 하러 그 집에 들어갔더니 그 집 사람들은 하나도 거기에 없었더라"(창 39:11).

우연인 것처럼 보이지만 분명 보디발의 아내가 이런 환경을 만든 것입니다. 기회가 오니까 그녀가 어떻게 합니까? "그의 옷을 잡고 이르되 나와 동침하자"(창 39:12상)고 말합니다. 아예 요셉의 옷을 붙잡고 동침하자고 달려드는 것입니다. 그러자 요셉이 어떻게 합니까?

"그러나 요셉이 자기의 옷을 그 여인의 손에 버려두고 밖으로 나가매"(창 39:12하).

옷을 벗어 놓고 도망쳐 버립니다. 요셉이 왜 도망쳤을까요? 그는 자신의 약함을 알았습니다. 그가 힘으로 제압할 수 없었겠습니까? 요셉은 자신이 유혹에 약하다는 것을 알았기 때문에 그 자리를 피한 것입니다. 그 자리에 계속 있으면 결국 넘어진다는 것을 알았던 것입니다. 그래서 성경은 성적 유혹에 대해서는 피하고 도망치라고 합니다.

"또한 너는 청년의 정욕을 피하고"(딤후 2:22상).

"음행을 피하라"(고전 6:18).

성경을 보면 마귀는 대적하라고 하는데, 정욕은 피하라고 합니다. 주일학교나 성가대를 섬기는데 자꾸 다른 아내나 남편과 정들려고 해서 너무 힘들다면, 그만두고 다른 부서로 가야 합니다. 안 보고 안 만나고 도망가는 것 외에는 방법이 없습니다. 직장에서 유혹에 빠질 중대한 위기 속에 있다면 당장 부서를 옮기든가, 아니면 그만둬야 합니다. 이겨 낼 수 있다고, 무시해 버리면 된다고 생각하고 버티면 안 됩니다. 무조건 도망쳐야 합니다. 그것이 하나님의 방법입니다.

요셉처럼 하지 않다가 망한 사람이 바로 삼손입니다. "나는 안 넘어가" 하면서 자꾸 들릴라에게 곁을 주다가 결국 정이 들고, 나중에는 사랑하게 되었습니다. 결국 삼손은 배신당하고, 머리를 깎이고 능력을 잃고 눈이 뽑힙니다. 비참한 인생이 되

버려진 게 아니라 뿌려진 것이다

고 맙니다.

혹시 마음이 잘못된 이성에게로 자꾸 기울고 있다면, 지금 죽음의 길로 가고 있는 것입니다. 빨리 도망치기 바랍니다. 그렇지 않으면 꿈이 깨집니다. 가정이 깨집니다. 아이들이 엄청난 상처를 받습니다. 비극이 옵니다. 요셉처럼 도망치십시오. 그것만이 살길입니다.

○

유혹을 이기는 힘은 경건에서 나옵니다

혼자 있을 때 내 모습이 경건의 현주소

그렇다면 요셉이 이렇게 할 수 있었던 힘은 어디서 나온 것일까요? 바로 경건의 능력입니다. 우리의 경건은 아무도 보지 않을 때 드러납니다. 그때에도 하나님을 의식하는 사람이 경건한 사람입니다.

베스트셀러인 《꾸뻬 씨의 행복여행》(오래된미래, 2004)이란 책을 읽은 적이 있습니다. 파리의 정신과 의사인 꾸뻬 씨가 어느 날 자신은 행복하지 않다고 생각하고 여행을 떠나는 이야기입니다. 그런데 그가 혼자서 행복 여행을 하는 중에, 여행지에서 만난 여성과 자연스럽게 동침하는 내용이 나옵니다. 그렇게 음란한 표현이 있는 것은 아니지만, 그러한 행동을 너무나 자연

스럽게 기술하고 있습니다. 이 책을 젊은 사람들이 읽으면 안 좋은 영향을 미치겠다는 생각이 들었습니다. "아무도 보는 사람이 없고, 당신과 내가 합의해서 하룻밤 즐기는 것뿐인데 그게 뭐가 문제야?" 이것이 세상 사람들의 사고방식입니다.

그러나 경건한 사람은 어떻게 생각할까요?

"그런즉 내가 어찌 이 큰 악을 행하여 하나님께 죄를 지으리이까"(창 39:9하).

요셉은 항상 하나님을 의식하는 삶을 살았습니다. 하나님이 지금 자신을 내려다보고 계신다고 인식했습니다. 경건의 능력이란, 아무도 안 보는 때에 유혹 앞에서도 하나님이 보고 계신다는 사실을 인식하는 능력입니다.

11년 동안 숨겨진 이야기

요셉은 이러한 경건의 능력을 어떻게 갖게 됐을까요? 바로 여기에 11년 동안 숨겨진 이야기가 있습니다. 그가 보디발의 집에서 종살이한 기간은 10~11년 정도입니다. 우리가 조심해야 할 것은, 종살이하던 11년의 세월을 마술처럼 여기는 것입니다. "꿈을 꾸니까 그다음부터 저절로 하나님의 섭리가 함께하고, 저절로 잘되고, 저절로 가정총무가 되더라. 예수 믿는 사람은 모든 게 다 잘되더라." 이렇게 신앙생활을 자꾸 마술처럼 생각하면 안 됩니다.

버려진 게 아니라 뿌려진 것이다

죄 된 세상에서 타락한 육체를 가진 우리가 하나님과 동행하는 것은 저절로 되는 것이 아닙니다. 주님이 먼저 우리에게 찾아오셔서 꿈을 주시고 목자가 되어 주시지만, 그다음부터는 우리가 그분을 따라가는 치열한 싸움이 있어야 합니다.

믿음이란, 주님을 따르는 것입니다. 주님을 따르지 않는다면 우리가 주님이라고 부르는 고백은 죽은 고백입니다. 우리를 찾아오셔서 우리를 사랑하시는 예수님을 입술로 주님이라고 고백하는 것에서 끝나지 않습니다. 의지적으로 예수님을 따라야 그 믿음이 진짜인 것입니다. 우리가 주님을 따르기 시작할 때 주님이 우리와 함께하십니다.

하나님이 요셉과 함께 하시는 것을 보디발도 봤습니다.

"그의 주인이 여호와께서 그와 함께하심을 보며 또 여호와께서 그의 범사에 형통하게 하심을 보았더라"(창 39:3).

11년 동안 하나님이 요셉과 함께하셨다는 것은, 그가 그 기간 동안 경건의 삶에 실패하지 않았다는 것입니다. 요셉은 하루하루 주님을 따라가며 사는 것에 실패하지 않았습니다. 매일 무릎을 꿇고 주님의 음성을 듣고 그분을 따라가는 일을 게을리하지 않았던 것입니다.

우리가 예수님을 믿는다는 것은 그분을 따른다는 것입니다. 제가 예수님을 믿고 나서 시작된 삶은 매일 주님을 따르기 위한 치열한 삶이었습니다. 저의 아버지는 매일 새벽 5시면 일어나셨는데, 당시만 해도 믿음이 없던 아버지는 일어나시자마자 먼저 하시는 일이 텔레비전을 켜는 일이었습니다. 그러면 그 소리가 제 방까지 들려서 도무지 말씀 묵상을 할 수 없었습니다. 그래서 저는 일어나자마자 늘 학교 도서관으로 갔습니다. 제가 새벽마다 도서관에 간 첫 번째 이유는 나와 주님과의 조용한 경건의 시간을 갖기 위해서였습니다. 학교에 안 가는 방학 때는 조용히 기도하고 말씀 묵상할 곳을 찾는 것이 제 하루의 중요한 일과였습니다. 예수님을 믿는다는 것은 이렇게 예수님을 따라가는 것입니다.

제가 그렇게 주님과 함께하며 기도할 때, 하나님은 저의 어두운 가정에 빛이 되어 주셨습니다. 당시에 저희 집에는 여러 가지 어려운 일들이 끊이지 않았는데, 제가 기도하기 시작하면서 가정이 평안해졌습니다. 가족이 믿음 안으로 점점 더 들어오게 되었습니다. 동생들도 믿음 안에서 잘 자랐습니다. 당시에 초등학생이던 막내 동생은 제자 훈련을 받으며 자라났습니다.

그러다가 제가 군대를 가게 됐습니다. 그때는 개인적으로 경건의 시간을 가질 수 없었기에 영적으로 가장 힘들었던 시기입니다. 주님과 교제할 시간이 없으니까, 저도 모르게 자꾸만 눈물이 났습니다. 그렇게 군 생활을 마치고, 제대 후 집에 와 보니 집이 너무나 황폐해져 있었습니다. 부모님의 갈

버려진 게 아니라 뿌려진 것이다

등, 여동생의 대학 자퇴, 남동생의 사춘기 방황 등 가정이 너무나 어두웠습니다. 계속 한숨이 나오고, 안타까움에 눈물밖에 나지 않았습니다. 그때 다시 무릎 꿇기 시작했습니다. 그랬더니 신기하게도 다시 가정이 조금씩 회복되기 시작했습니다. 그때 저는 생각했습니다. '그렇구나. 하나님과 함께하는 그리스도인 한 명이 진정 형통하게 하는 자이구나. 복의 근원이구나.'

우리가 그리스도와 깊이 동행하면 그분의 은혜로 말미암아 삶이 형통해지는 반면에, 그분을 따르는 것을 게을리하면 다시 삶이 황폐해집니다. 하나님이 인간의 행위에 따라 보상해 주신다는 말을 하려는 것이 아닙니다. 그리스도와 함께하는 삶에는 풍성한 열매가 맺힌다는 시작을 말하는 것입니다. 오늘날 많은 그리스도인들의 문제는, 실제적인 따름이 없다는 데 있습니다. 교회는 다니지만 실제 삶에서 주님과 동행하지 않습니다. 그러나 매일 성령 충만한 삶을 살아가면 그 삶에 열매가 나타나게 됩니다.

저는 삶에서 많은 부흥을 경험했습니다. 주일학교 교사로 섬기던 시절에 부흥을 경험했고, 섬기던 청년부와 캠퍼스에서도 놀라운 부흥을 경험했고, 교역자로 사역하던 부서들 속에서도 부흥을 경험했습니다. 이것이 제가 한 일일까요? 아닙니다. 그저 주님을 사랑하고, 주님이 나와 늘 함께하시기를 간절히 바라며, 사슴이 시냇물을 찾기에 갈급함같이 매일 주님을 따랐기 때문에 그 결과로 그리스도가 맺어 주신 열매였습니다. 그러므로 인간은 자랑할 것이 없습니다. 모든 열매는 오직 그리스도와의 동행으로 말미암은 것입니다.

하나님이 요셉과 함께하시고, 요셉을 형통케 하셨다는 사실에서 우리는 요셉의 치열한 경건의 삶에 주목해야 합니다. 주님과 동행하기 위해 새벽을 깨우고 주님의 음성에 귀 기울이는 삶, 우선순위가 바로 선 삶, 그것이 유혹의 위기를 이겨 내게 한 원동력입니다. 그 11년 동안의 경건의 훈련이 그를 죄의 유혹에서 자유롭게 한 것입니다.

우리가 훈련을 싫어하는 이유는, 훈련을 받으면서 내 자유를 희생하는 게 싫기 때문입니다. 그러나 기억해야 할 것은, 훈련이 없으면 진정한 자유가 없다는 것입니다. 저는 피아노를 칠 자유가 없습니다. 훈련되지 않았기 때문입니다. 훈련되지 않는 사람은 진정으로 자신이 원하는 것을 할 자유가 없습니다. 공부하기를 원하지만 육체의 노예가 되어 텔레비전만 보고 컴퓨터 게임만 합니다. 새벽에 깨어서 기도하기를 원하지만 잠의 노예가 되어 늦잠을 잡니다. 사랑하기를 원하지만 미움의 노예가 되어 상처를 줍니다. 훈련하지 않으면 용서할 자유도 없습니다.

훌륭한 사람이 되고 싶고 멋진 신앙인이 되고 싶고 멋진 부모

버려진 게 아니라 뿌려진 것이다

가 되고 싶은데, '이렇게 살아선 안 되지' 하면서 후회하는데, 문제는 그렇게 할 힘이 없다는 것입니다. 그 이유가 무엇입니까? 훈련되지 않아서 그렇습니다. 훈련을 거부함으로 말미암아 죄의 노예가 되고, 세속과 정욕과 육신의 노예가 되는 것입니다.

왜 성경이 훈련을 강조합니까? 훈련 없이는 온전한 그리스도인이 될 수 없기 때문입니다. 훈련 없이는 경건한 사람이 될 수 없기 때문입니다. 우리는 날마다 경건에 이르도록 연습 해야 합니다(딤전 4:7).

○

유혹과 타협하지 마십시오

요셉이 유혹을 거절하자 어떻게 되었습니까? 보디발의 아내의 모함으로 보디발이 진노하여 감옥에 갇히게 되었습니다. 권력자의 비위를 맞추지 않았더니 11년간 쌓은 지위가 한순간에 무너져 버렸습니다. 하나님이 기적적으로 간섭하셔서 억울함을 밝혀 주지 않으셨습니다. 그렇다면 하나님은 우리의 현실과는 상관없는 무력한 하나님이십니까? 그렇지 않습니다. 여기서 우리는 꿈의 디딤돌을 보게 됩니다.

꿈으로 가는 지름길

요셉이 들어간 감옥은 꿈으로 가는 지름길이었습니다. 그는 왕이 죄수들을 가두는 감옥에 들어가게 되었습니다. 그 감옥에서 술 관원장을 만났고, 이것이 계기가 되어 바로의 꿈을 해석하고 국무총리까지 됩니다.

유혹을 거부하고, 상사의 비위를 거슬러서 그를 분노하게 했다고 꿈의 길이 방해받을 것 같습니까? 그렇지 않습니다. 겁내지 마십시오. 우리는 꿈을 이루기 위해 사람에게 아부하고 유혹에 타협할 필요가 없습니다.

꿈의 보호처

요셉에게 감옥은 그의 꿈을 보호하는 곳이기도 했습니다. 감옥은 보디발의 아내가 접근할 수 없는 곳입니다. 더 이상 그를 유혹하며 그의 꿈을 방해할 수 없는 곳입니다. 편안한 환경, 좋은 환경보다 더 중요한 것은 순결한 환경입니다. 꿈을 보호하는 환경이 더 중요한 것입니다.

만일 요셉이 아버지 집에 계속 있었으면 부정적인 형들의 조롱으로 요셉의 꿈이 사그라졌을지도 모릅니다. 그런데 형들이 그를 애굽으로 보냈습니다. 애굽은 요셉의 꿈을 보호하는 곳이었습니다. 감옥도 마찬가지입니다.

누가 우리를 배신하고 모함하고 버리는 것 때문에 우리의 꿈

버려진 게 아니라 뿌려진 것이다

이 잘못되는 것이 아닙니다. 오히려 그 과정이 우리의 꿈을 보호하고, 우리를 순결하게 지켜 줄 수 있습니다. 그 고난 속에서, 그 고독과 외로움 속에서 우리는 꿈을 향해 나아갈 수 있습니다.

경건한 사람이 세상을 살립니다

요셉을 향한 주님의 계획은 국무총리였습니다. 그에 비하면 가정총무는 아무것도 아닙니다. 유혹과 타협해 봐야 돌아오는 건 가정총무 자리입니다. 그러나 그 유혹을 이기면 국무총리가 되는 것입니다. 얼마나 많은 사람들이 눈앞의 가정총무를 위해 국무총리를 팔아 버립니까? 국무총리 시키려고 청문회를 하면 온갖 비리 때문에 세울 사람이 없다고 합니다. 눈앞의 이익 때문에 국무총리를 차 버린 것입니다.

유혹을 이겨 내는 것이야말로 진정한 경건의 현주소입니다. 하나님은 경건한 요셉을 통해 세상을 살리십니다. 아무도 안 보는 데서 자신을 거룩하게 지키고 유혹을 이기는 사람, 하나님은 바로 그런 사람을 사용하십니다. 다니엘을 보세요. 그의 원수들이 그를 모함하려고 뒷조사를 했지만 흠이 없었습니다. 다니엘은 결국 열방에 하나님의 영광을 나타냅니다.

강력한 유혹이 찾아올 때 그 유혹을 이기는 방법은 오직 하나님 앞에서 경건하게 사는 것뿐입니다. 11년이라는 경건의 삶이 요셉을 만든 것처럼, 우리도 경건의 능력을 갖춰야 합니다. 주님과 함께하면서 유혹을 이기고, 하나님의 꿈을 성취해야 합니다.

버려진 게 아니라 뿌려진 것이다

죄 된 세상에서 타락한 육체를 가진 우리가
하나님과 동행하는 것은 저절로 되는 것이 아닙니다.
주님이 먼저 우리에게 찾아오셔서 꿈을 주시고
목자가 되어 주시지만, 그다음부터는 우리가 그분을 따라가는
치열한 싸움이 있어야 합니다.

세상에서 잊혀져 가는 시간, 나를 알아주는 사람이
아무도 없는 것 같은 시간이 누구에게나 찾아옵니다.
그러나 그 외로움의 시간은 하나님과 일대일로
대면하게 되는 은혜의 시간입니다.

4. 잊혀짐의 시간이
반전을 낳는다

꿈의 사람은 잊혀짐의 시간을 견뎌내야 합니다

SNS에서 읽은 글입니다. 한 요양원에서 불평투성이 노인으로 알려진 남성이 세상을 떠났습니다. 간호사들이 그의 방을 치우다가 그가 쓴 글을 발견했는데, 눈물을 참기 어려웠다고 합니다. 다음은 그 글의 내용 중 일부입니다.

"간호사들이여, 그대는 무엇을 보고 있는가? 나를 바라볼 때면 무슨 생각을 하는가? 멍한 눈에, 현명하지도 않고, 무슨 성격인지도 모르겠는, 까다로운 늙은이라고 생각하나? 밥은 흘리면서 먹고, 묻는 말에 제대로 대답하지도 않는, 언제나 양말

한 짝, 신발 한 짝을 잃어버리는 늙은이? 그렇다면 간호사들이여, 이제는 눈을 뜨시게나. 그대들은 나를 보고 있는 게 아니었어. 내가 누구인지 알려 주겠네.

지금은 여기 이렇게 조용히 앉아 있어도 나는 열 남매 중에 작은아이였네. 어머니와 아버지, 형제와 자매들, 우리는 서로를 사랑했지. 16세 소년이었을 때는 날개가 달린 듯 두 발로 움직이면서 곧 만나게 될 연인을 꿈꾸기도 했다네. 20세의 신랑이었을 때는 내가 지키기로 약속한 그날의 맹세를 떠올리면서 가슴이 두근거렸지. 25세가 되었을 때는 언제나 나를 필요로 하는 한 아이의 아버지가 되었네. 단란하고 행복한 가정을 갖게 된 거지. 30세가 되었을 때, 이미 훌쩍 커 버린 내 아이와 나는 언제까지나 영원할 끈끈한 정으로 이어져 있었네. 40세가 되었을 때, 내 아들은 다 자라서 내 품을 떠났지만 내 곁에 있어 준 아내 덕분에 나는 그렇게 슬프지 않았어. 50세가 되자 내 무릎 위에서는 아이가 다시 놀기 시작했어. 내가 사랑하는 사람과 어린아이들이 다시 한자리에 모이게 되었지.

그리고 슬픈 날들이 다가오기 시작했네. 내 아내는 세상을 떠났고, 앞날을 생각할 때마다 나는 두려움에 몸을 떨었지. 이제 내 아이들도 모두 그들의 아이를 키우고 있고, 나는 내가 사랑했던 사람들, 좋았던 시간들을 떠올릴 뿐이라네. 이제 나는 늙은이가 되었지. 자연의 섭리는 언제나 잔인하네. 나이가 많아

버려진 게 아니라 뿌려진 것이다

질수록 바보처럼 보일 뿐이야. 하지만 이 늙은 시체 안에는 여전히 젊은이가 살고 있다네."

이 글을 읽으면서 '인생은 잊혀짐의 과정이구나'라고 생각했습니다. 언젠가는 우리를 기억하고 사랑해 주는 부모님도 세상을 떠날 것입니다. 은퇴하면 직장에서 잊혀지고, 친구들도 하나둘씩 세상을 떠나고, 그러다가 자신을 가장 사랑스럽게 기억해 주던 배우자조차 떠나게 됩니다. 그러면 우리는 이 세상에서 90% 정도는 잊혀진 존재가 될 것입니다. 자녀들은 아이들을 키우느라 바쁘고, 나는 모두에게 더 이상 중요하지 않게 여겨지고, 그렇게 잊혀짐으로써 쓸쓸히 퇴장하는 것이 인생인 것 같습니다. 그래서 잊혀짐은 가장 외롭고, 가장 슬프고, 가장 종말론적인 사건이 아닐까 하는 생각이 듭니다.

그런 면에서 요셉이 당한 고통의 절정은 바로 잊혀짐이었습니다. 꿈을 향한 마지막 관문이 잊혀짐이 아닐까 생각합니다. 은퇴, 늙음, 병듦 그리고 죽음이라는 일련의 잊혀짐의 과정, 쓸모없어짐의 과정을 지나야만 우리가 평생 꿈꿔 왔던 그 나라에 들어가게 됩니다. 우리 모두 언젠가 통과해야 할 관문이 바로 잊혀짐의 관문인 것입니다. 나를 잊어버리는 세상을 나도 잊어버리고 담대히 떠나야 할 날이 오는 것입니다.

종말론적인 하나님 나라만 잊혀짐의 관문을 통과해야 들어

가는 것이 아닙니다. 인생의 여정에서도 하나님의 꿈을 이루려면, 우리는 반드시 잊혀짐의 관문을 통과해야 합니다. 모세도 40년 동안 잊혀졌고, 다윗도 10여 년 동안 잊혀졌고, 요셉도 마찬가지였습니다. 그러고 나서야 그들은 꿈을 성취하는 인생이 되었습니다.

그러나 기억할 것은, 하나님은 요셉을 잊지 않으셨다는 사실입니다. 하나님은 요셉과 함께하시고 인자를 더하셨습니다. 요셉으로 하여금 간수장에게 은혜를 입게 하셨습니다. 그를 잊은 것은 하나님이 아니라 사람이었습니다. 그를 석방시킬 수 있는 한 가닥 희망이라고 생각한 술 관원장이, 요셉에게 은혜를 입은 그가 요셉을 잊은 것입니다. 2년 동안이나 말입니다. 왜 하나님은 그로 하여금 요셉을 잊게 하신 것일까요? 잊혀짐의 관문이 우리에게 주는 의미는 무엇일까요?

○
사람을 의지하지 않는 훈련

하나님이 요셉에게 베푸신 은혜는 사람에게 은총을 입는 것으로 나타납니다. 요셉은 보디발에게도 은혜를 입었고, 감옥에서는 간수장에게도 은혜를 입었습니다. 우리가 하나님께 사랑을 받으면 사람에게도 은총을 덧입습니다. 보이지 않으시는 하나

버려진 게 아니라 뿌려진 것이다

님의 은총은 보이는 사람을 통해 나타납니다. 이때 위험한 것은, 하나님이 은혜로 붙여 주신 사람을 우리가 의지하게 된다는 것입니다. 하나님이 어떤 사람을 보내서서 우리에게 은혜를 입게 하셨는데, 그다음부터 하나님이 아니라 그 사람을 자꾸 쳐다보는 것입니다. 하나님은 이것을 가장 싫어하십니다. 하나님은 요셉에게 술 관원장의 꿈을 해석할 능력을 주셨습니다. 그런데 요셉은 그것을 빌미로 술 관원장에게 자신을 건져 달라고 부탁합니다.

"당신이 잘되시거든 나를 생각하고 내게 은혜를 베풀어서 내 사정을 바로에게 아뢰어 이 집에서 나를 건져 주소서"(창 40:14).

물론 요셉의 억울한 입장에서 볼 때 그를 의지하는 것이 잘못된 것은 아닙니다. 그런데 하나님은 요셉이 하나님보다 사람을 더 의지하는 모습을 발견하신 것입니다. 그래서 그가 의지한 사람으로부터 잊혀짐을 당하게 하신 것입니다. 사람을 기대하고 의존하지 않도록 훈련하신 것입니다. 그 후 하나님은 바로로 하여금 누구도 해석할 수 없는 꿈을 꾸게 하셔서 술 관원장으로 하여금 요셉을 기억하게 하시고, 요셉이 그 꿈을 풀 수 있도록 섭리하십니다. 결국 요셉을 풀어 줄 열쇠는 하나님께 있었던 것입니다. 그런데 요셉이 자꾸 사람을 의지하니까 그 의지가 얼마나 헛된 것인지를 알게 하신 것입니다.

왜 사람들이 우리를 잊을까요? 왜 우리에게 은혜를 입은 사람조차 우리를 잊을까요? 우리로 하여금 사람을 의지하지 못하게 하시는 것입니다. 사람은 우리의 구원자가 아님을 알게 하시는 주님의 섭리입니다.

저는 교회 개척을 준비할 때 쓰라린 경험을 했습니다. 교회를 개척하면서 함께했으면 하는 사람들, 동참 가능성이 있어 보이는 사람들의 명단을 수첩에 적었습니다. 그런데 놀랍게도 그 명단의 99%가 저와 함께하지 않았습니다.

그 당시 제가 기대한 분들은 함께 중보기도 영성훈련을 담당하던 임원조장 분들이었습니다. 어느 날 총무권사님이 제게 찾아와서 이렇게 말씀하셨습니다.

"목사님, 제가 다 물어봤는데요. 우리 임원조장들 중에 목사님을 따라갈 분이 없네요. 몇 개월이라도 가서 도울 분이 아무도 없어요."

이 말을 듣는데 마음이 너무 비참했습니다. 이제 얼마 안 있으면 교회를 떠나야 하는데 함께할 성도가 없었습니다. 교회 내에서는 "이인호 목사를 따라갈 성도가 많을 거다. 영성훈련원 임원들이 앞장서서 섬길 테니, 괜히 우리가 나서지 말자"고 하는 분위기였는데, 정작 아무도 없었습니다. 그 말을 듣는데 얼마나 나 자신이 비참하게 느껴지던지, 표정 관리를 하느라 너무 힘들었습니다.

권사님이 나간 후 한참을 멍하니 앉아 있는데, 책상 앞에 있

버려진 게 아니라 뿌려진 것이다

는 책 한 권이 눈에 들어왔습니다. 무심코 꺼내 봤는데 "예수님은 자신을 100% 신뢰하셨다"는 문장이 눈에 들어왔습니다. 그때 그 글이 제게는 주님의 음성처럼 들렸습니다.

"주님이 너를 선택하셨다. 너를 통해 일하신다. 용기를 내라. 너를 여기까지 이끌고 너를 선택하신 그분을 신뢰하고 일어나라. 사람을 의지하지 마라."

그 음성이 제 심령에 들려오는 순간 저는 그 자리에서 벌떡 일어났습니다. 마음속으로부터 용기가 솟구쳐 올랐습니다. 정말 주님의 음성이 우리를 살리는 능력이라는 것을 실감했습니다. 앞으로는 누구에게도 아쉬운 소리를 하지 않겠다고 결심했습니다. 정말 함께하고 싶은 분이 있어도 말하지 않고, 꾹 참고 지금까지 걸어왔습니다. 그 가운데 하나님이 전혀 예상하지 않은 동역자들을 보내 주셔서 여기까지 올 수 있었습니다.

하나님은 진정 우리가 사람이 아니라 하나님만 의지하기를 원하십니다. 우리를 외면당하고 버림 받고 사람들에게 잊혀지는 자리에 두시는 이유는, 하나님만 의지하게 하시려는 것입니다. 하나님이 그것을 보고 계시는 것입니다.

○

외로움의 시간을 보내는 훈련

국민 MC로 불리는 유재석 씨는 10년 가까운 무명 시절을 보냈다고 합니다. 카메라 울렁증 때문에 카메라 앞에만 서면 극도의 긴장감으로 자신의 재능을 발휘하지 못하니까 PD들이 점점 찾지 않았다고 합니다. 명색이 연예인인데 그를 알아보는 사람도 없었습니다. 누군가 팬 사인회를 마련해 줬는데, 1시간 동안 고작 2명이 사인을 받으러 왔고, 심지어 그들조차 아저씨 누구냐고 물었다고 합니다. 그러다가 군대를 갔는데, 제대 무렵에는 '아무도 나를 안 찾으면 어쩌나' 하는 두려움이 가득했다고 합니다. 인기로 살아가는 연예인들의 모습을 통해 이 잊혀짐이 얼마나 두려운 것인지를 엿보게 됩니다.

아무도 자신을 돌봐 줄 사람이 없는 감옥에서 요셉이 가장 두려워한 것은 아마도 잊혀짐이었을 것입니다. 처음에는 그를 아는 노예들이 가끔씩 면회를 왔을 것입니다. 그러나 세월이 흘러가면서 모두가 요셉을 잊고, 그를 찾는 이가 아무도 없었을 것입니다. 감옥에서 하는 일상적인 일 외에는 찾는 이가 없고, 만날 이가 없고, 언제 나갈지 기약도 없는 외로운 시간을 보내야 했습니다. 보디발의 집에서 가정총무의 자리에 올라가기까지 분주하게 보낸 10년의 삶과는 전혀 다른, 적막하고 무

버려진 게 아니라 뿌려진 것이다

료하고 외로운 시간이었을 것입니다. 주님이 그를 잊혀지게 하신 이유가 바로 여기에 있습니다. 분주한 요셉에게 외로움의 훈련을 시키신 것입니다.

최근에 《혼자 있는 시간의 힘》(위즈덤하우스, 2015)이란 책을 읽었는데, 이 책의 저자인 사이토 다카시(さいとうたかし)는 아주 특이한 사람입니다. 그는 대입에 실패하고 재수를 한 19세 때부터 직장에 들어간 32세까지 거의 혼자 지냈다고 합니다. 아무도 자신을 알아주지 않는 그 기간 동안에 '너희가 나를 안 알아준다고? 그럼 나도 너희를 안 알아준다' 하는 마음으로 늘 혼자 공부하고, 책 속에서 역사의 위인들과 교제하며 혼자 실력을 쌓았다고 합니다. 이 10여 년의 시간을 스스로 암흑의 10년이라고 불렀습니다.

지금은 대학교수가 된 그는 1년에 30권 정도의 책을 저술하고, 강연, 수업, 방송 출연 등을 하느라 정신없이 바쁘다고 합니다. 그가 이 엄청난 일들을 해낼 수 있는 이유는, 혼자 있을 때 그것들을 미리 다 준비해 놓았기 때문입니다. 그는 오늘의 자신을 만든 힘은 혼자 있었던 10년의 시간에 있다고 말합니다.

그런데 그가 교수로서 관찰한 바에 의하면, 강의실에 혼자 들어온 학생이 친구와 같이 들어온 학생보다 학습 에너지와 몰입도 면에서 훨씬 더 우수하다고 합니다. 그는 무리 지어 다니면 결코 뛰어난 사람이 될 수 없다고 단언합니다. 괄목상대

(刮目相對), 즉 볼 때마다 눈을 비비고 다시 볼 정도로 발전하는 사람을 오늘날 찾아보기 어려운 이유는, 혼자 있는 능력이 없기 때문이라고 말합니다. 공부라는 것도 고독 속에서 혼자 하는 것이고, 문제집 푸는 것도, 책 읽는 것도 다 혼자서 하는 것인데, 혼자 있을 줄 모르니까 결코 실력 있는 존재가 되지 못한다는 것입니다. 항상 시간이 부족하다고 탓하면서 하루 종일 다른 사람들과 어울려 다닌다는 것입니다.

제가 이 책을 읽고 느낀 것이 있습니다. 오늘날 우리를 실력 없는 존재, 시시한 존재로 만들어 버리는 것 중 하나가 스마트폰이 아닐까 싶습니다. 잠들 때까지 누군가와 SNS로 소통하느라 혼자만의 시간을 보내지 못하는 사람들이 많습니다.

사람들 눈에 띄는 것을 하나님 눈에 띈 것으로 착각하면 안 됩니다. 사무엘이 왕으로 기름 부을 자를 택할 때 이새의 아들들이 그 앞에 다 나옵니다. 그때 사무엘은 첫째 엘리압을 보고는 "이 사람이다"라고 했습니다. 사람 눈에 띈 것이죠. 그런데 하나님이 뭐라고 하셨나요?

"그들이 오매 사무엘이 엘리압을 보고 마음에 이르기를 여호와의 기름 부으실 자가 과연 주님 앞에 있도다 하였더니 여호와께서 사무엘에게 이르시되 그의 용모와 키를 보지 말라 내가 이미 그를 버렸노라"(삼상 16:6~7상).

이미 버렸다는 것은 과거완료형입니다. 하나님이 이미 버리신 지 오래되었다는 것입니다. 그런데 하나님의 사람인 사무엘의 눈으로 보니 어떻습니까? 왕재로 보인 것입니다.

인간의 안목으로 볼 때 잘나간다고 해서 하나님이 쓰신다고 착각하면 안 됩니다. 오히려 우리가 주목해야 하는 역설적인 진리가 있습니다. 사람들 눈에 띈다는 것은, 사람들 손에 잘 탄다는 것은 어쩌면 하나님이 그를 전혀 다루시지 않았다는 증거일 수도 있는 것입니다. 심산유곡(深山幽谷)의 큰 거목들은 때로 수십 년, 수백 년 동안 사람들의 눈에 감춰진 것들입니다. 그것들은 때가 차면 크게 쓰입니다. 이처럼 하나님이 쓰시는 사람들은 하나님이 외로운 광야에 오랫동안 감춰 두신 사람들입니다. 다윗도 형들에게 가려져 있던 사람입니다. 심지어 기름 부음을 받고 나서도 다시 양 치는 목동으로 돌아가야 했습니다. 하나님은 때로 당신의 사람들을 이렇게 외롭게 두십니다. 그리고 광야에서 그를 따로 다루십니다. 그렇게 빚어 가시는 것입니다.

하나님은 요셉도 그렇게 잊혀지게 하셨습니다. 그를 외롭게 두셔서 성령으로, 말씀으로 빚으신 것입니다. 하나님 앞에서 혼자 있는 법을 모르면 결코 영적 실력이 성장하지 않습니다. 하나님이 분주한 요셉을 감옥에 외롭게 두시고, 사람들에게 잊혀진 채 그곳에 수년간 머물게 하신 이유가 바로 여기에 있습니다.

요셉이 감옥에 있는 동안 두드러지게 나타난 특징이 있습니다. 바로 꿈을 해석해 주는 사람이 되었다는 것입니다. 감옥에서 두 관원장이 꿈을 꿉니다. 그런데 둘 다 근심이 가득합니다. 그 이유가 본문에 나옵니다.

"그들이 그에게 이르되 우리가 꿈을 꾸었으나 이를 해석할 자가 없도다"(창 40:8상).

그러자 요셉이 이렇게 말합니다.

"요셉이 그들에게 이르되 해석은 하나님께 있지 아니하니이까 청하건대 내게 이르소서"(창 40:8하).

이때는 계시사적으로 하나님이 꿈을 통해 말씀하시던 시대였습니다. 꿈의 해석이 하나님께 있다는 말은, 애굽 제국의 중요한 신하들의 운명을 왕이 아니라 하나님이 다스리고 계신다는 것입니다. 왕의 마음을 움직이는 분은 하나님이시라는 것입니다. 하나님이 역사의 통치자시라는 것입니다. 그런데 "내게 이르소서" 하고 말하는 것은, 자신이 하나님의 뜻을 전달하는 중개자요, 선지자라는 의미입니다. 바로 이러한 은사가 감옥에서 요셉에게 나타나고 있는 것입니다.

요셉이 술 관원장의 꿈을 해석할 때가 감옥에서 얼마의 시간을 보낸 후인지는 정확히 알 수 없습니다. 어떤 주석에서는 이미 1년 정도는 지났을 것이고, 그가 잊혀진 2년을 더하면 3년 정도 감옥 생활을 한 이후였을 것이라고 하는데, 그러면 그가

버려진 게 아니라 뿌려진 것이다

보디발의 집에서 종살이한 기간은 10년이 됩니다. 또 어쩌면 종살이한 기간보다 감옥에서 보낸 기간이 더 길었을지도 모른다고 보는 견해도 있습니다. 아무튼 감옥에서 보낸 외로운 시간 동안 요셉에게 나타난 두드러진 변화는, 그가 하나님의 뜻을 해석하는 선지자적 능력을 소유하게 되었다는 것입니다. 그리고 이러한 능력이 시간이 갈수록 더 깊어졌다는 것입니다. 그래서 잊혀진 2년이 지난 후, 그는 바로의 꿈을 정확히 해석합니다. 그 범위가 한 사람의 운명에서 제국의 운명으로 넓어진 것입니다. 역사를 통치하시는 크신 하나님의 뜻을 해석해 낸 것입니다.

이 일들이 바로 요셉이 사람들에게 잊혀지고, 분주한 일에서 잊혀질 때 일어났습니다. 하나님의 위대한 사람들은 다 이렇게 외로운 광야에서 탄생합니다.

이랜드의 박성수 회장은 대학생 때 근무력증으로 병원에 입원해 있는 동안 수천 권의 책을 읽었다고 합니다. 그곳에서 준비된 것입니다. 그리고 기적적으로 병이 나았습니다. 그는 이랜드 기업의 회장이 된 원동력은 바로 그 병원에서의 시간이라고 말합니다.

세상은 어려서부터 반장 하고 회장 하고 1등 해서 선생님도 인정하고 친구도 인정해야만, 빨리 무대에 등장해서 출세하고 크게 되는 사람이라고 생각합니다. 그러나 그렇지 않습니다. 문제는 그가 얼마나 하나님 앞에 홀로 있었는가에 달려 있습니다.

잊혀짐의 시간을 서러워하지 말고, 외롭다고 누가 연락해 주기를 기다리지 말고, 그 외로움을 고독으로 승화시키십시오. 주님 앞에서 나를 발견하십시오. 그 시간 동안 하나님이 나를 빚어 가실 것입니다.

○

자아를 부인하는 훈련

하나님의 꿈은 우리의 힘으로 이루는 것이 아니라, 하나님의 능력으로 이루는 것입니다. 요셉이 꾼 꿈은 대제국의 국무총리가 되어서 온 세상을 살리고 가족을 먹여 살리는 것인데, 이 꿈을 자신의 힘만으로 이룰 수 있을까요? 그것은 철저히 전능하신 하나님의 능력으로만 이뤄지는 것입니다. 그러므로 그 꿈을 이루는 데 방해가 되는 장애물은, 앞서 말한 것처럼, 사람을 의지하는 것입니다. 아무리 바로가 술 관원장의 말을 듣고 요셉을 특사로 사면시킨다고 해도 그가 꿈을 해석할 준비가 안 되어 있고, 국무총리로서 다스릴 능력을 갖추지 못하고 있다면 의미가 없습니다. 결국 하나님이 도와주셔야 합니다. 하나님의 꿈을 이루는 데 사람은 큰 도움이 안 됩니다.

그런데 그보다 더 큰 장애물이 있습니다. 하나님이 요셉의

버려진 게 아니라 뿌려진 것이다

삶을 다스리시는 데 가장 방해가 되는 존재는 바로 요셉 자신이었습니다. 자신의 생각, 자신의 뜻을 주장하면서 자신이 생명의 주인 되려고 하는 것을 자아라고 할 수 있습니다. 이 자아가 주인의 자리에 앉아 있으면 능력의 주님이 그의 인생의 주인이 되어 그 꿈을 이루는 능력을 행하실 수 없습니다. 꿈이 이뤄지려면 먼저 내 자아가 죽고 주인의 자리에 예수 그리스도가 앉으셔야 합니다. 나는 죽고, 주님이 사셔야 합니다.

그런 면에서 잊혀짐의 시간은 자아가 분쇄되는 시간입니다. 잊혀지는 곳은 낮은 곳이고 천한 곳입니다. 그래서 잊혀진다는 것은 내가 더 이상 사람들에게 중요한 사람이 아니라는 것을 의미합니다. 술 관원장이 요셉을 얼마나 하찮게 생각했으면 요셉이 꿈을 해석해서 자신의 목숨과 관련한 좋은 소식을 전해 줬음에도 불구하고 그의 말을, 그의 존재를 잊었겠습니까. 그의 마음속에서 요셉은 아무것도 아니었기에 하나님이 그렇게 취급받게 하신 것입니다.

형들에게 배신당하고, 종살이하고, 옥살이하는 모든 과정 속에서 요셉은 아들에서 노예로, 노예에서 죄수로 전락합니다. 사랑받고 뽐내고 자기가 중심이어야 했던 요셉은 자아가 시퍼렇게 살아 있던 사람이었습니다. 그러나 이 과정을 통해 철저히 낮아지게 됩니다. 버림 받고, 억울함을 당하고, 아무도 돌봐주지 않는 잊혀짐의 과정 속에서 자기애의 교만이 사라지게 됩니다. 자신의 비천함과 마주하게 되고, 교만과 허풍이 사라지게 됩니다.

나는 하나님 없이는 살 수 없는 존재임을 깨닫고, 오직 하나님께만 소망을 두게 됩니다. 하나님은 이렇게 자기를 부인하고, 자신이 하찮은 존재임을 인정하는 사람을 쓰십니다.

오순절날, 하나님이 약속하신 성령을 기다린 사람들은 처절하게 깨져 버린 사람들, 더 이상 자신을 신뢰하지 않는 사람들이었습니다. 그들은 자신들에게 소망이 없다는 사실을 인정했습니다. 그래서 전심으로 성령을 구했습니다. 전심으로 하나님을 구한 것입니다. 바로 그 비천한 자들에게 성령이 강림하셨습니다. 자기를 부인하고, 주인의 자리에 하나님을 모시기를 간절히 원한 그들의 심령에 성령이 임하신 것입니다. 바로 그들을 통해 하나님의 꿈이 이뤄지기 시작했습니다. 그들이 온 세상을 다스리고 통치하기 시작한 것입니다.

이것이 꿈을 성취하시는 하나님의 방법입니다. 요셉이 낮아질수록 그의 자아는 작아지고, 그의 자아가 작아질수록 주님이 영광을 받으셨습니다. 그러므로 우리의 실패, 상처, 무능, 질병, 실직, 가정 파탄은 주님이 거하셔야 할 곳에 버젓이 앉아 있는 자아를 끌어내릴 기회입니다. 무시받고 천대받고 잊혀지는 그 순간이야말로 내 생각을 고집하는 교만이 깨지고, 온전히 주님의 뜻 앞에 엎드리게 되는 기회입니다.

버려진 게 아니라 뿌려진 것이다

높이시기 전에 낮추십니다

사람은 요셉을 잊어도 하나님은 요셉을 잊지 않으셨습니다. 하나님은 잊혀진 그 시간을 통해 더 큰 응답으로 요셉에게 갚아 주셨습니다. 요셉은 2년 동안 보류된 기억으로 인해 2년 전에 기억했으면 받지 못했을 엄청난 응답을 받습니다.

왜 하나님이 지금 우리를 잊혀지게 하시는 것일까요? 더 큰 응답을 주시기 위함입니다. 그 시간 동안 인내하고 주님만 바라보면서 준비하면, 그 세월만큼 수천 배의 이자가 붙습니다. 주님이 지금은 우리를 잊혀지게 하시고 낮은 곳에 있게 하시지만, 나중에는 우리를 상상할 수 없을 만큼 높여 주실 것입니다. 언제나 하나님은 우리를 높이시기 전에 낮은 골짜기로 떨어뜨리십니다. 이것이 법칙입니다.

하나님은 사무엘이란 귀한 지도자를 주시기 위해 한나를 그 깊은 시련의 골짜기에 집어넣으셨습니다. 모세를 민족의 지도자로 높이시기 전에 그를 40년 동안 철저히 낮추셨습니다. 다윗을 높이시기 전에 사울에게 쫓기며, 먹을 것을 구걸하며, 블레셋에서 미친 짓을 하며, 사람들에게 배신당하고 조롱당하도록 그를 낮추셨습니다. 요셉을 국무총리로 높이시기 전에 그를 철저히 낮추셨습니다. 구덩이에 버려지고, 노예가 되고, 죄수가 되게 하셨습니다. 예수님은 온 땅의 주로 영광을 받으시기 전에 먼저 십자가에서 모욕과 조롱 속에서 죽으셨습니다. 먼저 낮아지신 것입니다. 하나님이 낮추시는 이유는 높이시기 위함임을 기억하십시오.

마귀는 낮아짐이 없는 높아짐으로 우리를 유혹하지만, 기초를 깊이 파지 않고 건물을 높이 올리면 빨리는 올라가나 결국 한순간에 무너집니다. 높이 올라갈수록 바람이 거세기 때문에 뿌리가 깊지 않은 나무는 높이 올라섰을 때 시련을 견디지 못하고 쉽게 쓰러집니다. 그것이 바로 사울의 인생 아닙니까. 그래서 결국 성령이 그를 떠나고 맙니다. 그러나 다윗은 어떤가요? 나무가 깊이 뿌리내릴 때는 고통의 때입니다. 가물 때, 산불이 날 때, 폭풍우를 통과할 때 나무는 깊이 뿌리내린다고 합니다. 다윗은 오랜 낮아짐의 시간, 잊혀짐의 시간을 겪으면서 하나님을 향한 믿음을 마음 깊이 뿌리내렸습니다. 그래서 성군으로 일컫는 왕이 된 것입니다.

지금 잊혀짐의 시간을 보내고 있습니까? 아무도 당신을 안 알아줍니까? 밤이 깊으면 새벽이 가까운 법입니다. 하나님이 아니라 사람을 의지하는 연약한 습관을 버리십시오. 그 시간을 통해 외로움 속에서, 고독 속에서 하나님만 바라보십시오. 그 연단의 시간을 통해 자기를 부인하고, 하나님만 의지하며 나아갈 때 하나님이 당신을 높이 사용하실 것입니다.

버려진 게 아니라 뿌려진 것이다

혼자 있는 시간은 꼭 필요합니다.
혼자 남겨져야만 하나님 앞에서
나를 제대로 돌아볼 수 있기 때문입니다.
바로 그때 시퍼런 내 자아가 꺾이는 것입니다.

우리 삶에는 이해할 수 없는 시간들이 있습니다.
그 시간들은 어느 날 한 지점에서 모일 것입니다.
그때야 비로소 내 삶이 이해될 것입니다.
하나님의 타이밍은 완벽합니다.

5. 숱한 주먹을 견뎌야
한 방의 기회가 온다

꿈은 연단의 기다림을 통해 하나님의 때를 만납니다

2015년에 '프리미어12 국제 프로야구 대회'가 일본 주최로 열렸습니다. 그때 우리나라는 도쿄 돔에서 열린 4강전에서 일본과 만났습니다. 일본 팀에서는 오타니 쇼헤이(おおたに しょうへい)라는 괴물 투수가 선발로 등판했습니다. 이전 게임에서 우리나라 선수들은 오타니 쇼헤이의 엄청난 공에 손도 못 대고 패배한 경험이 있었습니다. 그래서 철저한 대비를 했음에도 불구하고 7회까지 오타니 쇼헤이에게 한 점도 못 냈습니다. 고작 안타 한 개 치고 볼넷 한 개를 얻은 것이 전부였습니다. 8회까지 스코어는 3:0이었고, 우리나라 팀은 패색이 짙었습니다. 이제

한 회만 남은 상황에서 일본 팀 최고의 마무리 투수가 올라왔습니다. 그런데 9회에서 우리나라 선수들이 갑자기 일본의 마무리 투수를 공략하여 4:3의 극적인 역전승을 거뒀습니다.

도대체 무엇 때문에 한국 타자가 9회에 갑자기 잘 치기 시작했을까요? 7회까지 160km의 강속구를 던진 오타니 쇼헤이의 공에 익숙해졌기 때문입니다. 7회까지 오타니 쇼헤이의 엄청난 공에 속수무책으로 당하면서 그의 속도와 위력에 익숙해진 우리 선수들은 그 다음에 올라온 마무리 투수의 공을 보니 칠 만했던 것입니다.

오타니 쇼헤이에게 속수무책으로 당한 그 시간은 당시에는 굴욕과 수모의 시간이고 무력한 시간이었을 것입니다. 그러나 승리를 거두고 돌아보니 그 시간은 연단의 시간이었고, 실력이 배가되는 시간이었습니다. 그 시간이 있었기에 9회의 대역전극이 가능했던 것입니다.

우리 인생에서 하나님의 타이밍이 꼭 그와 같습니다. 그 순간에는 우리 인생이 마치 오타니 쇼헤이에게 당하는 것처럼 치욕스럽고 무력해 보입니다. 결말 없이 요셉의 생애를 들여다보면 참 기구한 인생이라고 생각되지 않겠습니까? 그러나 9회가 끝나고 돌아보니 오타니 쇼헤이에게 당한 7회까지의 시간은 굴욕이 아니라 연단의 시간이었던 것처럼, 단숨에 국무총리가 되고 인생 역전을 이루는 순간이 되니까, 요셉의 지난 13년

버려진 게 아니라 뿌려진 것이다

의 의미가 완전히 달라지는 것입니다.

지금 자신의 삶을 볼 때 어떤 의미를 찾기가 어려울 정도로 무참히 깨지고 있다고 생각하는 분들이 분명 있을 것입니다. 하나님의 시간은 우리를 잊은 듯하고 우리를 버린 듯합니다. 그래서 하나님의 타이밍이 마치 우리 꿈의 걸림돌같이 여겨집니다. 모세에게 광야에서 보낸 40년의 시간은 아마도 버려진 것처럼 여겨졌을 것입니다. 그러나 그는 버려진게 아니고, 하나님의 씨앗으로 뿌려진 것이었습니다. 하나님의 시간표는 우리의 생각과 너무나 다릅니다. 결국 그 시간이 하나님의 꿈을 이루는 디딤돌이 되었습니다.

그렇다면 요셉의 고난과 잊혀짐의 13년은 무엇을 위한 하나님의 타이밍이었을까요? 그 시간의 의미는 오늘 우리에게도 동일한 의미를 지닙니다.

○
하나님의 뜻을 듣게 되는 시간

야구로 하면 9회말에 이르자, 당당하던 바로와 애굽 제국이 위기에 몰립니다. 바로는 그의 힘의 상징이요, 애굽의 젖줄인 나일 강이 메마르는 악몽을 꿉니다. 뭔가 불길한 징조를 가진 꿈입니다. 그런데 애굽의 술사도, 지혜자도, 아무도 그 꿈을 해석하시 못합니다.

"아침에 그의 마음이 번민하여 사람을 보내어 애굽의 점술가와 현인들을 모두 불러 그들에게 그의 꿈을 말하였으나 그것을 바로에게 해석하는 자가 없었더라"(창 41:8).

바로 그때 술 관원장이 드디어 요셉을 기억합니다. 자, 이렇게 하나님의 때는 반드시 옵니다. 9회 말, 절망의 순간에 요셉이 타석에 등장하게 된 것입니다. 그리고 홈런을 날립니다. 요셉은 아무도 알지 못하는 그 꿈을 해석해 냅니다.

하나님이 바로에게 애굽의 운명에 대한 꿈을 꾸게 하신 것은, 역사의 주관자이신 하나님이 각 나라의 왕을 세우시고 그들을 통해 이 세상을 통치하고 계심을 말해 주는 것입니다. "모든 권세는 다 하나님께서 정하신 바라"(롬 13:1하)는 말씀처럼 하나님은 모든 권세를 세우시고, 그들을 통해 하나님의 뜻대로 하나님의 백성을 돌보길 원하십니다. 그 권세가 가장의 권세든, 사장의 권세든, 교회 지도자의 권세든 하나님은 우리를 지도자로 세우시고, 우리를 통해 하나님의 뜻을 이뤄 가길 원하십니다. 그러므로 우리는 각자의 자리에서 통치자이신 하나님의 뜻을 잘 알아야 합니다.

들음에는 인격이 따라야 합니다

문제는 우리가 하나님의 뜻을 들을 줄 모른다는 것입니다. 바

　　　　　　　　버려진 게 아니라 뿌려진 것이다

로 역시 꿈을 꾸고서도 뜻을 몰라서 번민했습니다. 무엇인가 나라에 큰일이 있는 것 같은데, 그 뜻을 알 수가 없었습니다. 주님으로부터 듣는 귀가 그에게는 없었던 것입니다. 꿈은 명확한 음성이 아닙니다. 꿈은 애매한 계시를 의미합니다. 민수기 12장을 보면, 모세의 형과 누이인 아론과 미리암이 모세의 권위에 도전하면서 "여호와께서 모세와만 말씀하셨느냐 우리와도 말씀하지 아니하셨느냐"(민 12:2)고 말하는 내용이 나옵니다. 그때 하나님이 아론과 미리암과 모세를 회막으로 부르십니다. 그리고 구름 속에 강림하셔서 이렇게 말씀하십니다.

"내 말을 들으라 너희 중에 선지자가 있으면 나 여호와가 환상으로 나를 그에게 알리기도 하고 꿈으로 그와 말하기도 하거니와 내 종 모세와는 그렇지 아니하니 그는 내 온 집에 충성함이라 그와는 내가 대면하여 명백히 말하고 은밀한 말로 하지 아니하며 그는 또 여호와의 형상을 보거늘 너희가 어찌하여 내 종 모세 비방하기를 두려워하지 아니하느냐"(민 12:6~8).

하나님이 그들과 모세의 차이가 뭐라고 하십니까? 모세에게는 이상과 꿈이라는 모호한 계시로 말씀하지 않으시고, 직접 대면하여 명확하게 말씀하신다는 것입니다. 꿈은 이처럼 모호한 계시입니다. 하나님은 그들과 모세의 차이가 이 계시의 명확성에 있다고 하시는 것입니다. 들음의 차이가 그들의 권위의 차이라고 말씀하시는 것입니다.

어떤 권력자가 애매한 말을 한마디 하면, 신문에서는 "그 뜻은 이럴 것이다, 저럴 것이다" 하면서 여러 추측들을 쏟아 냅니다. 그때 누군가가 "그분의 뜻은 이것이다"라고 명확하게 말해 줍니다. 그가 누구입니까? 바로 그 권력자의 심중을 잘 아는 최측근이요, 소위 실세입니다. 이처럼 권위는 계시의 명확성에 비례하는 법입니다.

요셉이 꿈을 명확히 해석하는 것은, 그가 하나님의 측근이고 실세임을 의미하는 것입니다. 애굽의 술사나 현인들과는 차원이 다른, 하나님의 종이라는 의미입니다. 그는 다른 사람은 듣지 못하는 것을 하나님으로부터 듣는 사람입니다.

그러면 하나님은 아무에게나 하나님의 뜻을 명확히 알려 주실까요? 한 나라의 신도시 계획의 정보를 책임 없는 자나, 부동산업자에게 미리 흘린다면 그는 아마 땅 투기를 하고, 모든 계획을 망쳐 버릴 것입니다. 그래서 회사에서도 말단 사원에게는 회사의 모든 일을 알려 주지 않습니다. 반면에 직위가 올라갈수록 많은 것을 알게 되고, 책임질 수 있는 만큼 알게 됩니다. 이처럼 앎에는 자격이 따릅니다.

영성신학자인 달라스 윌라드(Dallas Willard)는 《하나님의 음성》(IVP, 2001)에서 이런 말을 했습니다.

"아론과 미리암이 모세를 시기한다는 것 자체가, 하나님이 모세에게 거리낌 없이 나눠 주신 지식과 계시를 그들에게는 맡길 수가 없었던 분명한 이유가 된다."

그들의 시기하는 인격적 미성숙이 바로 그들이 모세처럼 명확한 하나님의 말씀을 들을 수 없게 한 방해물이었다는 것입니다. 반면에 모세는 자신의 예언 사역을 기꺼이 공유하길 원했습니다. 모두가 자기처럼 되길 원한다고 했습니다. 결국 들음에는 인격이 따라야 합니다.

요셉이 하나님의 지식을 명확히 안다는 것은, 인격적인 그릇이 준비되었음을 말해 주는 것입니다. 하나님을 그의 마음과 삶 속에 온전히 모시고, 깊이 있는 교제를 나눌 수 있는 거룩한 인격으로 빚어진 것입니다. 그래서 바로는 요셉이 성령에 감동한 자라고 말합니다.

"바로가 그의 신하들에게 이르되 이와 같이 하나님의 영에 감동된 사람을 우리가 어찌 찾을 수 있으리요 하고"(창 41:38).

요셉이 성령에 감동하였기에 하나님이 그에게 모든 것을 보여 주셨고, 그래서 그가 명철하고 지혜 있는 것이라고 말합니다.

"요셉에게 이르되 하나님이 이 모든 것을 네게 보이셨으니 너와 같이 명철하고 지혜 있는 자가 없도다"(창 41:39).

우리에게 하나님의 뜻을 알려 주시는 분, 성경을 조명하여 주님의 뜻을 가르쳐 주시는 분은 성령입니다. 결국 성령님과 깊이 동행하는 만큼 하나님의 뜻을 알게 되는 것입니다. 그런데 성령님은 우리가 거룩한 만큼, 용서하고 사랑하는 만큼, 겸손한 만큼, 성숙한 만큼 우리 안에 거하십니다.

요셉도 처음에는 하나님의 뜻을 명확히 몰랐습니다. 꿈을 꾸고는 그 꿈이 무슨 의미인지 자신도 몰랐습니다. 그런데 시간이 지나 보디발의 아내의 유혹을 이긴 후에, 비로소 술 관원장의 꿈을 해석하기 시작합니다. 그리고 감옥에서 2년 동안 연단의 시간을 보낸 후 애굽의 운명, 온 세계의 운명을 가르는 하나님의 뜻이 담긴 꿈을 해석해 냅니다. 시간이 가면서 그가 하나님의 뜻을 듣는 것이 온전해집니다. 더 넓어집니다. 결국 13년의 시간은 그의 자격을 온전하게 빚으시는 하나님의 타이밍이었던 것입니다.

우리는 사명 때문에 연단받습니다

요셉의 감옥 생활에 대한 묘사가 시편 105편에 나오는데, 그가 종으로 팔려서 발에는 차꼬를 차고 몸은 쇠사슬에 매였다고 합니다(시 105:17~18). 요셉은 낮에는 섬기고 밤에는 죄수로서 고통 속에서 지냈음을 알 수 있습니다. 그런데 19절 말씀이 중요합니다.

"곧 여호와의 말씀이 응할 때까지라 그의 말씀이 그를 단련하였도다."

요셉이 언제까지 고난 속에 있었나요? 여호와의 말씀이 응할 때까지입니다. 여기서 여호와의 말씀은 요셉이 처음 꾼 꿈을 의미합니다. 하나님이 요셉에게 주신 꿈이 이뤄질 때까지 그는 감옥에 있었습니다. 요셉이 17세에 꾼 꿈이 이뤄질 때까지 그는 고난 속에, 감옥 속에 있었던 것입니다. 그러면 그 시간 동안 그는 무엇을 한 것입니까? 하나님의 말씀이 그를 단련했습니다. 요셉은 그 꿈에 걸맞은 인격으로 연단받은 것입니다. 요셉이 국무총리가 되어 예언이 이뤄지려면 그에 합당한 인격이 필요했습니다. 그래서 그가 고난 중에 연단받은 것입니다.

우리가 연단받는 이유는, 우리에게 하나님의 거룩한 뜻과 사명이 있기 때문입니다. 우리의 책임과 사명이 클수록 우리는 더욱 큰 연단을 받게 됩니다.

그런 면에서 요셉에게 지난 13년의 세월은 어땠습니까? 그저 의미 없이 형들에게 배신당하고, 남의 집에서 종살이하고, 보디발의 아내에게 모함당하고, 약자의 설움을 겪은 것입니까? 그저 무력한 자의 비정한 세월이었습니까? 그렇지 않습니다. 나중에 돌아보니, 그 고난의 세월은 그의 경건과 인격을 아름답게 만들어 낸 소중한 시간이었습니다. 그 시간을 통해 요셉은 하나님의 뜻을 온전히 이해하고 들을 줄 아는 사람이 되었습니다.

부소선 달려가는 것이 능사가 아닙니다. 우리는 들어야 합니다. 주님의 뜻이 무엇인지 이해해야 합니다. 이 시대는 그런 한 사람을 찾습니다. 이를 위해 우리는 하나님의 뜻을 담을 거룩한 성품의 그릇을 준비해야 합니다. 그 시간은 참 느립니다. 그러나 결국 듣는 자가 세상을 구합니다. 그가 역전타를 때리며 세상을 구하고 교회를 구합니다. 하나님의 시간은 늦는 것 같지만 늦지 않습니다. 바로 이것이, 하나님의 타이밍이 우리에게 디딤돌이 되는 이유입니다.

○

꿈의 실행자가 된 요셉

문제뿐 아니라 해답도 아는 사람

요셉은 꿈을 해석하여 다가올 문제가 무엇인지를 알려 줄 뿐 아니라, 그 문제를 해결할 방도까지 제시합니다.

"이제 바로께서는 명철하고 지혜 있는 사람을 택하여 애굽 땅을 다스리게 하시고 바로께서는 또 이같이 행하사 나라 안에 감독관들을 두어 그 일곱 해 풍년에 애굽 땅의 오분의 일을 거두되 그들로 장차 올 풍년의 모든 곡물을 거두고 그 곡물을 바로의 손에 돌려 양식을 위하여 각 성읍에 쌓아 두게 하소서 이와 같이 그 곡물을 이 땅에 저장하여 애굽 땅에 임할 일곱 해

흉년에 대비하시면 땅이 이 흉년으로 말미암아 망하지 아니하리이다"(창 41:33~36).

정확한 문제가 무엇인지를 아는 것은 중요합니다. 하지만 더 중요한 것은 해결책을 아는 것입니다. 어디를 가나 문제가 무엇이라고 말하는 사람들은 참 많은데, 해결책을 제시할 줄 아는 사람은 적습니다. 하나님은 요셉에게 문제만 가르쳐 주신 것이 아니라 문제의 해답도 가르쳐 주셨습니다. 하나님은 우리의 문제만 지적하고, 경고하고 끝내시는 분이 아닙니다. 주님은 우리에게 구원의 방도를 제시해 주시는 분입니다. 하나님은 인간의 엄청난 딜레마인 죄의 문제를 지적하시고 정죄하심으로 끝내는 분이 아니라, 그분의 아들을 십자가에 대신 내어 주심으로써 해결책을 제시해 주시는 분입니다. 그러므로 온전한 주의 종은 문제만 제시하지 않습니다. 언제나 해결책을 함께 제시합니다.

누군가 신령한 척하면서 당신의 문제를 지적하고 그것을 협박의 도구로 사용하여 무엇을 요구한다면, 그래서 그 말을 듣고 마음이 너무 불안하고 불편하다면 그것은 분명 하나님의 음성이 아닙니다. 그런 말들은 100% 무시해도 좋습니다.

바로가 꿈을 꾸고 나서 번민한 것을 보면, 그는 그 꿈이 불길한 징조를 말하는 것이라고 생각했을 것입니다. 그런데 요셉은 하나님이 편안한 대답을 하실 것이라고 말합니다(창 41:16하).

하나님은 진노 중에도 긍휼을 잃지 않으시는 분입니다. 하나님의 대답은 근본적으로 편안한 대답입니다. 우리를 향한 하나님의 생각은 재앙이 아니라 축복입니다(렘 29:11).

마귀의 음성인지, 아니면 하나님의 음성인지를 구별할 수 있을까요? 하나님의 음성은 두렵지 않습니다. 하나님의 음성은 조급하지 않습니다. 하나님은 결코 협박하지도, 저주하지도 않으십니다. 그분의 아들을 우리를 위해 대신 저주받게 하신 하나님이 왜 우리를 저주하시겠습니까? 저주하고 협박하고 조급한 것은 마귀입니다. 하나님의 음성은 언제나 온유합니다. 하나님의 음성의 목적은 복음이요, 구원이요, 문제의 해결입니다. 그래서 그분의 음성은 평안이고, 기쁨입니다.

하나님께 연단받은 사람들은 바로 이 기쁨의 소식, 평안의 소식을 전하는 전달자가 됩니다. 해결책이신 그리스도의 소식을 전하는 메신저가 되는 것입니다. 그런 사람들은 자신의 이익을 위해 주님의 말씀을 왜곡하거나 이용하지 않습니다.

해결의 능력도 갖춘 사람

"바로가 또 요셉에게 이르되 내가 너를 애굽 온 땅의 총리가 되게 하노라 하고 자기의 인장반지를 빼어 요셉의 손에 끼우고 그에게 세마포 옷을 입히고 금사슬을 목에 걸고 자기에게 있는 버금수레에 그를 태우매 무리가 그의 앞에서 소리 지르기

버려진 게 아니라 뿌려진 것이다

를 엎드리라 하더라 바로가 그에게 애굽 전국을 총리로 다스
리게 하였더라"(창 41:41~43).

바로는 그 문제를 해결할 적임자로 요셉을 선택해서 국무총
리로 세웁니다. 그리고 요셉은 온 세상을 기근으로부터 구해
냅니다.

하나님은 그리스도인을 단지 꿈쟁이나 해몽가로, 단지 옆에
서 훈수 두는 사람으로 부르시지 않습니다. 상황 속에 뛰어들
어서 그 문제를 해결할 수 있는 해결자로 부르십니다. 리더를
평범한 사람과 구별해 주는 것은 통찰력이 아니라, 자신이 깨
달은 대로 행동하는 용기입니다.

무슨 일이 생기면 꼭 나서서 한마디씩 하는 폴리페서(polifessor)
같은 분들이 있습니다. 교수라는 편안한 은신처 안에 몸을 숨기
고 마치 자신이 대단한 사람이라도 되는 듯 온갖 궤변을 늘어놓
는 분들을 보면 맘이 편하지 않습니다. 도산 안창호 선생은 "남
의 탓을 하는 책임 전가, 무지, 실제적인 실력을 기르지 않고 소
모적인 논쟁을 벌이는 것이 우리 민족의 문제"라고 했습니다.
요셉은 꿈 해석만 탁월했던 것이 아닙니다. 그는 탁월한 실천
가였습니다. 오늘날 그리스도인들이 왜 자꾸 미움을 받습니까?
말만 잘해서 그렇습니다. 말은 잘하는데 실천이 없으니까 이기
적이라고 생각하는 것입니다. 그러면 언제 인정을 받기 시작할
까요? 이 세상의 실제적인 문제의 해결자가 될 때입니다.

○

요셉의 행동 패턴

실천가이자 해결자인 요셉의 행동을 보면 몇 가지 패턴이 있습니다(창세기 41장).

첫째, 요셉은 미루지 않았습니다. 그는 총리가 되고, 결혼도 합니다. 그런데 바로 그 다음에 자신의 책임을 위해 애굽 온 땅을 순찰합니다. 아직 7년의 풍년의 시간이 있으니 조금 쉬었다가 천천히 해도 될 텐데, 그가 즉각 일한 이유는 무엇일까요? 만일 그가 '앞으로도 6년의 시간이 더 있으니까 그때 해도 안 늦어' 하는 마음으로 1년 쉬고 준비했다면, 양식을 비축하기 위해 5분의 1만 걷어서는 안 되었을 것입니다. 늦게 시작하는 만큼 더 많이 거둬야 합니다. 그러나 그가 미루지 않으면 그만큼 일이 수월해지고 성공 확률이 높아지는 것입니다.

심리학자인 로버트 스턴버그(Robert Sternberg)는 "하위직 관리자들과 성공한 임직원들 간의 중요한 차이점 중 하나는 미루기 전략의 사용 정도"라고 했습니다. 하기 싫은 일을 미루지 않고 해내는 정도가 성공과 실패의 주요 관건이라는 것입니다. 요셉은 신혼을 즐기고 그의 자리를 즐기고 싶었을 것입니다. 그러나 그는 즐거운 일을 미루고 하기 싫은 일을 먼저 했습니다.

버려진 게 아니라 뿌려진 것이다

둘째, 요셉은 계획적이고 지혜롭게 일했습니다. 그는 먼저 전국을 순찰했습니다. 아마도 각 성에 창고를 짓거나 기존에 지어진 것을 활용할 방도를 찾았을 것입니다. 그리고 무려 7년을 보관해야 했기에 그 보관 방법도 함께 마련했을 것입니다. 그는 전국을 돌면서 계획을 세우고, 그다음에 그 일들을 일사천리로 진행한 것입니다. 일하기 전에 먼저 치밀한 계획을 세웠기에 그의 계획을 애굽에 있는 관리들과 공유할 수 있었던 것입니다.

우리가 무시하기 쉬운 것이 바로 이 프로세스의 힘입니다. 백화점이나 공장 등에서 고객이 편리하도록 많은 종업원이 일사불란하게 움직이는 것은 바로 프로세스의 힘입니다. 약속된 행동과 일이 있는 것입니다. 그런데 사전에 이러한 프로세스가 없으면 우왕좌왕하게 됩니다. 요셉이 대제국의 일을 제대로 해낸 것은, 그가 프로세스의 힘을 무시하지 않았기 때문입니다.

그리고 요셉은 각 성에 쌀을 비축하게 합니다. 중앙에 창고를 크게 짓는 것이 아니라 각 성에 비축하게 함으로써 건축 비용과 물류 비용을 절감할 수 있었습니다. 쓸데없이 창고를 짓고 나서 사후에는 덩그러니 비어 두는 일을 하지 않았습니다. 우리나라에 이용하지 않아서 패쇄된 공항이 있다고 합니다. 그로 인해 국민의 혈세인 세금 낭비가 얼마나 막대한지 모릅니다. 지도

자에게는 진정 지혜가 필요합니다. 하나님이 함께하시는 사람들은 지혜가 충만합니다. 당시에 쌀을 7년 동안 썩지 않도록 보관하는 기술 또한 얼마나 놀라운 지혜입니까?

셋째, 요셉은 나눔의 기술이 있었습니다. 충분히 모았으니 나누는 일은 쉬울 것이라고 생각해서는 안 됩니다. 모으는 것도 중요하지만, 이제 앞으로 7년 동안 모은 양식을 가지고 온 백성이 살아가는 것이 더 중요합니다. 그래서 나눔의 기술이 필요한 것입니다. 가뭄이 들자 요셉은 바로 창고를 열지 않고 기근이 극심할 때까지 참았습니다. 창고 문을 최대한 늦게 열었습니다. 7년 가뭄의 심각성을 인식하고 매우 신중하게 나눠 줬습니다.

그 후 요셉은 식량을 공짜로 나눠 주지 않고 팔았습니다. 이것은 어떻게 보면 가혹해 보입니다. 동남아시아에 가 보면 아이들이 1달러만 달라고 아우성치는 것을 쉽게 볼 수 있습니다. 그때 '우리에게 1달러는 적은 돈이니까' 하면서 그냥 주면 안 됩니다. 아이들이 그렇게 버는 수입이 집에서 아버지가 버는 수입보다 많다고 합니다. 그래서 공부도 안 하고 늘 돈 달라고 하면서 다니는 것입니다. 우리의 생각 없는 동정심이 결국 그 아이들의 인생을 망치는 것입니다.

만일 요셉이 쌀을 공짜로 주면 그들은 공짜이기에 귀한 줄 모르고 흥청망청 사용할 것이고, 그 결과 그 양식으로 7년을 버티

버려진 게 아니라 뿌려진 것이다

지 못할 것이 자명했습니다. 그래서 돈을 주고 사게 함으로써 그 7년의 가뭄을 넘기게 한 것입니다. 또한 공짜로 배급해 주면 그 7년 동안 애굽 백성의 정신이 병들 것입니다. 사회주의 속에서 균등하게 배급받던 사람들이 부지런히 일할 줄 모르는 이유가 여기에 있습니다.

《한국의 부자들》(위즈덤하우스, 2003)이란 책을 보니, 부자들의 신조는 "세상에 공짜는 없다"라고 합니다. 그들은 이것을 자녀들에게 교육시킨다고 합니다. 부모가 부자이기 때문에 공짜로 돈을 주지 않는다는 것입니다. 그러면 자녀가 망하기 때문입니다. 자녀에게 임대료 나오는 빌딩 하나 물려주면 평생 먹고살겠지만, 그렇게 하지 않는다는 것입니다. 직접 일하게 하고 땀 흘리게 하고 사업하게 하는 것입니다. 자신의 회사를 물려주기 전에 다른 회사에서 샐러리맨 생활을 하게 하는 것입니다. 한 푼도 도와주지 않음으로써 세상에 공짜가 없다는 사실을 뼈저리게 느끼게 하는 것입니다.

300년 동안 부를 이어 온 경주 최 부자 집에서는 며느리가 시집오면 3년 동안 무명옷만 입게 했다고 합니다. 그렇게 검소를 몸에 익히게 함으로써 그 집의 부가 이어져 가게 한 것입니다.

공짜는 당장에는 좋아 보이지만 결국 정신을 무력하게 만들어 버립니다. 물론 우리가 그렇게 하는 이유는 결국 함께 나누

고 함께 잘 살기 위해서입니다. 자신만을 위해서 쌓아 두려고
해서는 안 됩니다. 오늘날 우리나라 보수 진영의 성장 우선 논
리가 설득력을 잃어버린 이유가 바로 나누지 않는 데 있습니
다. 요셉의 지혜는 결국 세상을 살리고 교회를 보호하기 위한
것이었습니다. 그로 인해 온 땅의 사람들이 먹을 것을 얻게 되
었고, 이스라엘은 그 땅에서 배려를 받아 400년 동안 태평을
누리게 되었습니다.

○

낮은 곳에 배움의 기회가 있습니다

이러한 실력이 어디서 생겼겠습니까? 바로 지난 13년의 세월
에 답이 있습니다. 그 13년의 시간을 요셉을 국무총리로 수업
하는 연단의 시간이라는 관점으로 바라보면 알게 됩니다.

먼저 약 10년의 종살이 기간을 생각해 보십시오. 친위대장
보디발의 집에는 많은 재산과 많은 종들이 있고, 많은 사람들
이 드나들어서 섬겨야 할 일들이 많았을 것입니다. 바닥에서부
터 시작하여 가정총무가 되기까지의 과정은 요셉에게 국무총
리 경영 수업을 받는 최고의 환경이었습니다. 그곳에서 재산관
리법, 사람관리법, 주인이 하는 일을 돕는 법을 배우고, 수많은
인간관계를 배우고, 리더십을 함양하게 된 것입니다.

버려진 게 아니라 뿌려진 것이다

그 후 2~3년의 감옥살이는 어땠습니까? 그 감옥은 마침 왕의 관원들을 가두는 곳이었습니다(창 39:20). 요셉은 술 관원장과 떡 관원장뿐 아니라, 그 후로도 들어온 왕의 죄수들을 섬겼을 것입니다. 그는 술 관원장에게 했듯, 그들의 얼굴을 살피며 그들의 이야기를 들어 주며 섬겼을 것입니다. 아마 왕의 주변에 있던 여러 관리들이 들어왔을 것입니다. 정치, 경제, 사회, 문화, 각 분야의 죄수들을 만날 기회를 얻었을 것입니다. 그곳에서 바로 왕의 성격도 알게 되고, 애굽 왕실의 분위기도 알게 되고, 애굽의 정치와 경제도 알게 되지 않았을까요?

무엇보다 요셉은 그 낮은 바닥에서 백성들의 비천한 삶을 알게 되었을 것입니다. 그들을 긍휼히 여기는 마음을 배우게 되었을 것입니다. 결국 나중에 가서는 이 모든 것이 완벽한 국무총리 수업이었고, 바로 이때를 위한 것이었음을 깨닫게 되었을 것입니다. 그저 남들을 섬기기만 한 것이 아니었습니다. 단순히 한직이고, 비정규직이었던 게 아닙니다. 인정받지 못한 시간이 아니었습니다.

이 엄청난 교육의 기회가 어디서 왔는지, 다시 생각해 봅시다.

낯선 곳

익숙한 아버지 집의 목동으로서는 배울 수 없는 것들이었습니다. 전혀 예상하지 못한 곳에서, 낯선 곳에서 배우는 것이었습니다. 익숙하지 않은 장소, 뜻밖의 장소, 내가 원하지 않는 부서와 직장과 학교에서 내 그릇이 넓어지고, 내 꿈을 위한 실력을 배우게 되는 것입니다. 이러한 하나님의 섭리를 기억해야 합니다.

낮은 곳

요셉은 아버지 집에서 사랑받는 아들이었을 때가 아니라 보디발의 집의 종이었을 때, 비로소 꿈을 향한 배움의 길이 열렸습니다. 낮은 곳에 배울 것이 더 많습니다. 요셉은 아들에서 종으로, 종에서 죄수로 점점 더 낮아졌습니다. 그러나 낮아질수록 기회가 더 많아지고, 꿈에 더 가까이 다가갈 수 있었습니다.

섬기는 곳

섬김이 더 힘들어질수록, 더 많아질수록 더 큰 배움과 기회가 있습니다. 요셉은 바로 그 섬김의 자리에서 자신이 힘들어도 다른 힘든 사람들을 살폈고, 그 결과 기회가 주어졌습니다.

○

섬김의 열매

그 13년의 과정에는 한 가지 중요한 특징이 있습니다. 하나님이 요셉과 함께하셔서 그에게 은혜를 베푸신 것입니다. 그런

버려진 게 아니라 뿌려진 것이다

데 그 은혜는 요셉에게 잘 섬길 기회를 주시는 것으로 나타납니다. 그가 보디발의 집에서 섬길 기회를 얻게 하시고, 그가 섬기는 일마다 열매를 맺게 하십니다. 요셉이 감옥에 갔을 때 하나님이 그와 함께하시고 인자를 더하셨는데, 그 결과 간수장이 요셉에게 감옥 일을 맡겼습니다(창 39:21~23). 요셉은 그곳에서 간수장이 돌아보지 않을 정도로 잘 섬겼습니다. 이것이 하나님이 베푸신 은혜입니다. 요셉은 가정총무에서 감옥총무가 되었습니다. 그리고 이 섬김이 이어져서 국무총리의 자리까지 오르게 됩니다.

보통 하나님의 은혜는 우리가 높아지고, 대접받고, 편한 자리에 있는 것이라고 생각합니다. 그러나 그렇지 않습니다.

제가 사랑의교회에 부목사로 있던 시절의 이야기입니다. 어느 날 옥한흠 목사님이 저를 부르시더니 사랑의교회 수양관에서 주말 교회 사역을 담당해 보라고 하셨습니다. 그래서 금요일 저녁이면 늘 안성에 있는 수양관에 내려가서 주일 밤까지 있어야 했습니다. 주말마다 찾아오는 성도들을 위해 한 번도 해 보지 않은 공연 준비와 캠프 준비를 했습니다. 그리고 가정 사역을 위해 강사들을 섭외했습니다. 주일에는 서울에서 내려오시는 분들을 맞을 준비를 하고, 위성으로 중계하는 옥한흠 목사님의 설교 영상을 틀고, 음향을 조절하고, 안내위원을 훈련하고, 온도에 신경을 썼습니다. 예배후에는 뛰어 올라가서 식사 준비를 하고, 주일 오후 프로그램 멘트를 준비했습니다. 식사가 끝나면 오후 문화 공연 프로그램을 진행하고, CCM 가수들을 섭외했습니다. 일정이 끝나면 성도들을 배웅하고, 1박 2일 동안 수고한 스태프들을 격려했습니다.

그렇게 3년 동안 수양관을 오가며 사역하는 동안 저는 서초동 본당에서 잊혀진 존재가 되었습니다. 많은 분들이 제가 교회를 떠난 줄 알았다고 말하곤 했습니다. 그래서 때때로 '내가 이곳에 유배되어 온 건가' 하는 생각도 했습니다. 그런데 하나님은 그곳에서 많은 것을 배우게 하셨습니다. 돌아보면, 그 낯선 곳에서 담임 목사로서 교회를 섬기는 데 필요한 많은 것들을 배웠습니다.

하나님의 은혜는 섬기게 하는 데 있습니다. 낮은 곳, 남들이 가기 싫어하는 곳이 하나님 나라의 블루오션입니다. 반면에 높은 곳은 레드오션입니다. 길을 높은 곳에서만 찾지 마십시오. 하나님의 은혜의 섭리는 낮은 곳에서 시작됩니다.

사울에게 쫓긴 다윗은 고난의 아둘람 굴 속에서 자신처럼 억울한 사람들, 파산한 사람들, 가난하고 상처 입은 사람들과 함께하면서 진정한 통치의 기술을 배웠습니다. 모세는 바로의 궁에서 배운 게 아니라, 광야에서 40년간 양치기로 지내면서 배운 것으로 이스라엘을 인도했습니다. 직장도 편한 곳에서는 배울 게 없습니다. 편안한 길, 안전한 길, 다른 사람들이 선호하

버려진 게 아니라 뿌려진 것이다

는 길만 따라가다 보면 성장하지 않습니다.

일본 마쓰시타 전기의 설립자인 마쓰시타 고노스케(まつした こうのすけ)는 3가지 역경 때문에 성공했다고 합니다.

첫째, 가난입니다. 그는 가난하기 때문에 구두닦이나 신문팔이를 해야 했는데, 그로 인해 세상 경험을 폭넓게 할 수 있었습니다. 그래서 그는 가난이라는 역경에 고맙다고 말합니다.

둘째, 허약입니다. 그는 약골로 태어났기 때문에 몸에 해로운 것들은 되도록 피했습니다. 그런데 그런 생활 습관이 늘어서도 그의 건강을 유지하게 했습니다.

셋째, 배움의 부족입니다. 그는 가난했기에 초등학교조차 제대로 다닐 수 없었습니다. 그는 배움에 대한 갈망으로 틈만 나면 책을 읽으면서 공부했고, 남의 말에 귀를 기울였다고 합니다.

앞에서도 이야기했지만, 유재석 씨에게도 10년의 잊혀짐의 시간, 무명의 시간이 있었습니다. 오늘 그가 사람들에게 유느님이라고 존경받는 이유 중 하나는, 그의 리더십의 바탕에 그의 인성이 깔려 있는 것입니다. 그리고 그의 특징적인 리더십은 배려의 리더십입니다. 그는 주변 사람들을 배려하고, 자신과 함께하는 사람들을 높여 주고, 소외되는 출연자가 없도록 배려합니다. 어떻게 그렇게 할 수 있을까요? 지난 무명의 시간, 설움의 시간 동안 배운 것입니다. 그는 그것을 잊지 않기로 결심했고, 그렇게 행동하는 것입니다.

그는 다른 MC처럼 부업을 안 한다고 합니다. 술도 안 마십니다. 그래서 스캔들이 없습니다. 온갖 설움 속에서 얻은 자리이기에, 자신이 잘나서 얻은 자리가 아니기에 그는 그 일에만 전념하고, 그것을 지키기 위해 겸손하게 자신을 절제하는 것입니다. 무엇이 그를 그렇게 만들었을까요? 바로 10년의 무명의 시간입니다. 지금 그 자리에서 돌아보니, 그 시간은 절대적으로 필요한 시간이었던 것입니다.

오스왈드 챔버스(Oswald Chambers)는 이런 말을 했습니다.

"지저귀는 새는 노래하는 법을 어둠 속에서 배운다."

○
하나님의 완벽한 타이밍

우리를 요셉처럼 멋지게 빚어 가십니다

요셉의 이야기가 참 멋지다고 말하면서도 '과연 나는 요셉처럼 고난을 이기고 유혹을 이기고 멋진 존재로 변화할 수 있을까? 나는 넘어지지 않을까? 실패하지 않을까?' 하는 걱정이 들지 않습니까? 우리는 성경을 큰 그림 속에서 보는 법을 배워야 합니다.

우리가 기억해야 할 것이 하나 있습니다. 하나님은 요셉을

버려진 게 아니라 뿌려진 것이다

우리가 본받아야 할 우리의 모델로서만 제시하지 않으신다는 것입니다. 본문에 등장하는 요셉의 모습에서 메시아의 그림자를 보게 됩니다. 야곱과 달리 요셉은 고뇌나 갈등도 안 보이고, 모든 고난과 시험과 유혹을 완벽하게 이겨 냅니다. 그가 이렇게 인류와 이스라엘을 구원하시는 하나님의 대안으로 나타나는 것은, 메시아의 그림자로서의 모습을 나타내려는 의도입니다. 본문을 보면, 요셉은 주님의 뜻을 이해하고 전하는 선지자요, 그 뜻대로 통치하는 왕이자 문제의 해결자요, 구원자로 나타납니다. 또한 그는 제사장의 딸과 결혼하는데, 이를 통해 제사장의 모습으로도 그려집니다. 요셉은 선지자요 왕이요 제사장이신, 장차 오실 예수 그리스도의 표상으로 그려지는 것입니다.

또한 요셉은 모든 고난, 시험, 유혹을 이기고 완벽하게 순종하여 영광을 얻습니다. 동시에 용서합니다. 그래서 형들이 회복됩니다. 마찬가지로 우리의 메시아인 예수님은 유혹과 고난과 핍박을 다 경험하셨습니다. 그래서 예수님은 우리가 당하는 시험과 유혹을 다 아십니다. 그리고 예수님은 고난 속에서 순종하셨습니다. 우리의 연약함을 위해 십자가에서 죽으시고 부활하셔서 요셉처럼 용서하셨습니다. 그래서 우리의 메시아이신 예수님은 날마다 우리로 다시 일어나게 하십니다. 결국 우리를 순종하는 자리로 이끌어 주십니다. 날마다 예수님을 따라

가고 의지하면, 결국 예수님이 이렇게 이끌어 주시는 것입니다. 요셉에게 일어났던 일들이 우리에게도 일어나는 것입니다.

고난은 누군가를 파괴하고 멸망시킵니다. 그러나 그리스도 안에 있는 사람에게 고난은 파괴의 도구가 아니라 연단의 도구입니다.

"누가 우리를 그리스도의 사랑에서 끊으리요 환난이나 곤고나 박해나 기근이나 적신이나 위험이나 칼이랴 기록된 바 우리가 종일 주를 위하여 죽임을 당하게 되며 도살당할 양같이 여김을 받았나이다 함과 같으니라 그러나 이 모든 일에 우리를 사랑하시는 이로 말미암아 우리가 넉넉히 이기느니라"(롬 8:35~37).

바울은 그리스도의 사랑으로 이겨 낼 수 있다고 말합니다. 그래서 그리스도인들은 환란 속에서도 즐거워할 수 있습니다. 그리스도 안에서는 모든 게 연단의 도구요, 우리를 준비시키는 도구임을 확신할 수 있습니다. 이것을 믿으시기 바랍니다. 예수님은 우리를 절대 놓지 않으십니다. 그리스도를 바라보고 인내하면, 이 모든 것은 요셉 학교의 과정이 됩니다.

하나님의 때가 반드시 있습니다

이렇게 준비되니까 세상이 요셉을 찾기 시작합니다. 그가 준비되니까 세상의 대안이 된 것입니다. "사람들이 왜 나를 안 불러주나? 왜 나를 몰라주나?" 하며 조급해할 필요가 없습니다. 우

버려진 게 아니라 뿌려진 것이다

리가 준비되면 반드시 세상이 먼저 알아볼 것입니다. 또 하나님이 우리를 그냥 안 두실 것입니다.

하나님의 시간은 때로 우리를 잊은 것 같고, 무관심한 것 같습니다. 너무 늦은 것처럼 여겨집니다. 하지만 하나님의 시간표는 정확합니다. 우리는 하나님의 타이밍에 대한 믿음을 가져야 합니다.

요셉은 후일에 하나님이 자신을 미리 보냈다고 말합니다.

"하나님이 큰 구원으로 당신들의 생명을 보존하고 당신들의 후손을 세상에 두시려고 나를 당신들보다 먼저 보내셨나니"(창 45:7).

요셉의 모든 삶은 바로 이 위기의 때를 위해 보냄 받은 것입니다. 이것이 바로 우리가 이 세상에 태어난 이유입니다. 우리는 역사의 주관자, 시간의 주관자이신 하나님의 거대한 계획의 한 부분으로 부름 받았습니다. 요셉은 이때를 위해 17세에 형들에게 버림 받고 종으로 팔리고, 13년 동안 종살이와 옥살이를 한 것입니다. 결국 그의 모든 고난을 설명하는 것은 오직 한 가지입니다. 이 모든 것이 꿈을 위해서였고, 이때를 위해서였다는 것입니다. 누가 미워하고 질투하고 모함한 것은 다 이때를 위한 섭리의 도구였던 것입니다.

우리의 삶은 하나님의 시간표의 한 부분입니다. 그때를 위해 지금 이 모든 삶이 펼쳐지고 있는 것입니다. 바울은 이방인의 사도가 된 후에야 비로소 그의 모든 삶은 이때를 위해 모태에서부터 택정된 삶이었다고 말합니다. 모세는 이스라엘의 지도자가 되고 나서야 비로소 자신이 애굽의 공주의 아들로 양육받은 것과 광야에서 보낸 세월이 하나님의 완벽한 시간표였음을 이해했을 것입니다.

이처럼 우리의 삶에서 일어나는 모든 일들, 모든 만남과 환경은 미래의 어느 시점을 향해 흐릅니다. 그곳에서 하나로 모아질 것입니다. 그때까지 우리는 알지 못합니다.

요셉 학교에는 힌트가 없습니다. 요셉의 입장에서는 '이제 영원히 노예로 살다가 끝나나? 이 감옥에서 영원히 잊혀지는 걸까?' 하는 생각이 들었을 것입니다. 힌트도 없고, 캄캄한 절망만 있었을 것입니다. 하나님이 우리를 연단하시는 고난이 그렇습니다. 그 안에 있으면 '과연 다시 회복될까? 다시 일어날 수 있을까?' 싶습니다. 캄캄한 어둠뿐인 것 같습니다. 하지만 오직 한 가지의 믿음이 있습니다.

"하나님은 선하시다. 하나님의 시간은 정확하다. 하나님의 때에 모든 것은 역전을 이룰 것이다."

우리는 하나님의 타이밍을 굳게 믿어야 합니다. 비록 지금은 이 고난의 뜻을 잘 모르지만, 그날이 오면 이해할 수 있을 것입니다.

버려진 게 아니라 뿌려진 것이다

+

그리스도인들은 환란 속에서도 즐거워할 수 있습니다.
그리스도 안에서는 모든 게 연단의 도구요,
우리를 준비시키는 도구입니다.

Part 2

사랑하는 법을 배워야
빗장이 풀린다

용서는 나를 위해 하는 것입니다.
분노와 억울함을 주님께 호소하고, 판결을 주님께 맡기십시오.
그리고 과거로부터 자유하십시오.

6. 복수는 독이 되고, 용서는 꿈이 된다

상처는 용서로 치유해야 합니다

어느 동산에 아담과 이브라는 두 동상이 있었습니다. 그런데 수백 년 동안 그대로 서 있기만 하니까 하루는 하나님이 불쌍한 마음이 들어서 두 동상을 사람으로 만들어 주셨습니다.

"너희 둘을 사람으로 만들어 줄 테니 이 동산에서 서로 사랑하며 행복하게 살거라."

그리고 몇 달이 지났습니다. 하나님은 사람이 된 두 동상이 행복하게 잘 사는지, 서로 어떤 사랑을 하면서 살아가는지 궁금했습니다. 그래서 그들이 살고 있는 동산을 찾아가셨습니다. 그런데 가서 보니까 둘이 서로 사랑하는 것이 아니라, 비둘기를 잡아서 목을 비틀고 다리를 부러뜨리면서 괴롭히고 있었습니다.

그래서 하나님이 다급한 마음에 물으셨습니다.

"얘들아! 너희가 비둘기하고 원수를 졌느냐? 왜 비둘기에게 그런 몹쓸 짓을 하고 있느냐? 내가 분명 서로 사랑하라고 하지 않았느냐?"

그러자 두 동상이 이렇게 말했습니다.

"우리가 동상으로 있을 때, 이 비둘기가 와서 계속 똥을 쌌습니다. 그래서 이제 복수를 하는 것입니다."

○

꿈꾸다 보면 상처를 받습니다

한 사람이 정상의 위치에 올라서기까지는 많은 방해자들을 만나게 됩니다. 그래서 정상에 선 사람들은 많은 상처를 갖게 됩니다. '상처뿐인 영광'이란 말도 그래서 생겼나 봅니다.

요셉도 그랬습니다. 가장 가까운 형제들이 그를 구덩이에 집어넣었습니다. 애굽에서 그토록 충성했던 보디발의 집에서, 보디발의 아내에게 모함당해 오해를 받았습니다. 그러한 무고한 비난과 배신은, 요셉이 정상에 오른 후에도 그의 가슴속에 상처로, 쓴 뿌리로 남았을 것입니다. 그래서 성공은 종종 복수를

버려진 게 아니라 뿌려진 것이다

낳고, 피의 숙청을 낳기도 합니다. 자칫 이 상처와 원한으로 인해 요셉이 국무총리가 된 이유, 즉 그의 사명을 잊어버릴 수 있습니다.

참 얄궂은 것은, 요셉의 꿈의 목적인 형들이 요셉에게 상처를 준다는 것입니다. 우리는 누구에게 상처를 입습니까? 우리의 꿈인 가정, 우리의 꿈인 교회에서 상처를 입습니다. 우리가 분노와 복수심에 사로잡히면, 결국 우리는 우리의 성공으로 꿈을 파괴하게 되는 것입니다. 마귀는 우리의 상처를 그렇게 이용합니다.

그러므로 고난이라는 장애물을 잘 이겨 내는 것도 중요하지만, 정상에 도달했을 때 그 과정에서 받은 상처의 노예가 되지 않는 것이 더욱 중요합니다. 전에는 몰랐는데, 담임목사가 되고 나니 내가 상처를 참 잘 받는다는 것을 알았습니다. 그래서 자주 이 상처와 싸우곤 합니다. 만일 내가 상처의 노예가 된다면, 내 꿈의 주제인 성도들에게 독기를 뿜어내는 목사가 되기 때문입니다. 요셉이 처한 위기가 바로 그것입니다. 원한과 복수심과 미움을 내려놓는 것은 꿈을 성취하는 데 있어서 가장 중요한 요소입니다.

서울여자대학교 기독교학과 교수이신 장경철 목사님이 사모님과 산책하던 중에, 사모님이 이런 말을 하셨다고 합니다.

"여보, 개나리는 걱정하지 않는 것 같아요."

그 말에 궁금해진 교수님은 당신이 그것을 어떻게 아느냐고 물으셨습니다.

"생각해 봐요. 걱정을 하면 어떻게 저렇게 노랗게 피어날 수가 있겠어요."

정말 공감되는 이야기입니다.

요셉의 삶이 이렇게 아름답게 피어난 것은, 그가 이미 용서했다는 것을 말해 줍니다. 여전히 분노와 복수심과 미움과 상처에 사로잡혀 있다면, 지난 22년간 이렇게 아름다운 삶을 살 수는 없었을 것입니다.

그렇다면 어떻게 용서할 수 있을까요? 먼저 용서의 목적을 알아야 합니다.

○

용서는 상처로부터 꿈을 보호합니다

용서는 나를 위해 하는 것

어떤 분이 이렇게 말했습니다.

"우리가 용서하지 않고 복수심을 품는 것은, 쥐약은 자신이 먹고 상대가 죽기를 기다리는 것과 같다."

뱀에게 물렸으면 가장 먼저 뱀독부터 뽑아내야 하는데, 나를 물은 뱀을 쫓아가면 독이 번져서 내가 죽는 것입니다. 그를 미

　　　　　　　　버려진 게 아니라 뿌려진 것이다

위하며 원한을 품는 것은 나를 물어 버린 뱀을 잡으러 다니는 것과 같습니다. 결국 죽는 것은 나 자신입니다.

우리가 누군가를 미워하면 그 사람에게 사로잡혀서 눈뜨는 순간부터 그 사람을 떠올립니다. 그래서 분노하고, 밥맛도 잃고, 가족에게 상처를 줍니다. 결국 그 사람이 아니라 나 자신을 죽이는 것입니다. 정작 그 사람은 나를 한 번도 생각하지 않고, 잠도 잘 자고 밥도 잘 먹습니다. 나만 분노를 삼키지 못해서 그 사람에게 24시간 묶여 있는 것입니다. 결국 내 몸이 병들고, 정신이 병들고, 영혼이 병들게 됩니다. 그리고 그 피해가 고스란히 내가 사랑하는 사람들에게 미칩니다.

더 나아가서는 영적으로 하나님과의 교제가 끊어집니다. 우리가 형제를 미워하면 하나님을 사랑할 수 없다고 했습니다. 이유야 어찌됐든 미워하는 순간 우리는 하나님의 사랑을 누리지 못하게 됩니다. 하나님과의 관계가 끊어지기 때문에 기도 생활도 막히게 됩니다.

"보는 바 그 형제를 사랑하지 아니하는 자는 보지 못하는 바 하나님을 사랑할 수 없느니라"(요일 4:20하).

여기서 풀려나는 길은 하나밖에 없습니다. 용서입니다.

언젠가 나를 아프게 한 성도가 너무나 미웠습니다. 그래서 나를 화나게 한 그를 더 이상 사랑하지 말고, 관심을 끊고 무시해야겠다고 생각했습니다. 그런데 아침에 일어나자마자 그 사림 생각이 떠오르는 것입니다. 차를 타고 가면서도 떠오르고, 기도하면 할수록 더욱 떠올랐습니다. 도무지 잊어버리고 싶어도 안 잊혀지고, 계속 제 생각 속에 머물렀습니다. 결국 견디다 못해서 그분께 전화를 했습니다. 안부를 묻고 관심을 가져 주고 축복한 후 전화를 끊었습니다. 그러고 나니까 드디어 그가 머릿속에서 떠났습니다. 내가 용서하니까, 사랑하니까 해방될 수 있었습니다. 그때 저는 미워하는 데 비용이 가장 많이 들고, 사랑하는 데 비용이 가장 적게 든다는 사실을 깨달았습니다. 내가 사랑하니까, 용서하니까 드디어 자유하게 되고, 그래서 내 시간을 내 맘대로 사용할 수 있었습니다.

용서는 나를 위해 하는 것입니다. 그가 계속해서 나에게 가해하지 못하게 하는 방법은 용서하는 것입니다.

어느 중년의 미국인 주부가 어깨 통증과 신경통으로 여러 해를 고생했습니다. 병원에 가서 처방을 받았지만, 증세가 점점 더 나빠졌습니다. 그래서 고민을 하다가, 전문 상담가를 찾아가서 상담을 하게 되었습니다. 상담 중에 그 여인은 오래전에 자신에게 해를 입히고 상처를 준, 그 원수 같은 사람에 대한 극단의 미움의 감정이 자신의 내면에 깊이 뿌리내린 사실을 발견했습니다. 결국 그녀는 복수심으로 자신을 파괴하고 있었던 것입니다. 그런데 그녀가 하나님 앞에서 그 문제를 다루고 용서하자 그것으로부터 놓여 나게 되고, 통증도 사라졌습니다.

버려진 게 아니라 뿌려진 것이다

용서는 꿈을 위해 하는 것

이렇게 용서는 나 자신을 위해 하는 것입니다. 더 나아가서 용서는 꿈을 위해 해야 합니다. 요셉은 참 멋진 고백을 합니다.

"하나님이 큰 구원으로 당신들의 생명을 보존하고 당신들의 후손을 세상에 두시려고 나를 당신들보다 먼저 보내셨나니"(창 45:7).

하나님이 형들을 통해 자신을 먼저 보내셨다는 것입니다. 자신의 인생에 하나님의 섭리가 있었다는 고백입니다. 그러나 과연 요셉이 그때 이것을 알았을까요? 형들이 그를 팔 때 "나를 애굽으로 유학 보내는구나" 했을까요? "보디발의 아내가 나를 꿈의 지름길로 보내려고 유혹하는구나. 술 관원장이 기가 막힌 타이밍을 위해 나를 잊어버려 줬구나" 했을까요? 분명 그 당시에는 죽을 것 같고, 분노와 배신감이 가득했을 것입니다. 결과적으로는 그 모든 일들이 하나님의 섭리 안에 있었고, 요셉의 꿈의 디딤돌이 되었지만, 당시에는 그것을 알지 못했을 것입니다.

요셉은 그 모든 과정 속에서 복수심과 분노가 자신과 자신의 꿈을 파괴하지 못하도록 끊임없이 용서했던 것입니다. 그 용서가 그의 꿈을 보호했고, 그를 그 자리까지 이끈 것입니다.

저도 교회를 개척하는 과정에서 참 많은 상처가 있었습니다. 그때는 정말 힘들었습니다. 목사가 할 수 있는 일이 뭐가 있겠습니까? 그저 하나님 앞에 엎드려 참고 기도할 뿐이었습니다. 그랬더니 그 과정에서 마음이 넓어지고, 인격이 다듬어졌습니다. 그래서 오늘 제가 이렇게 목회할 수 있게 됐습니다. 그때 제게 상처 준 분들은 저를 오늘의 이 자리로 미리 보내 준 고마운 분들입니다.

그런데 제가 지금에서야 이렇게 고백할 수 있지, 그때 제가 이런 고백을 할 수 있었을까요? 그때는 정말 죽을 것 같고 교회가 무너질 것 같은 두려움에 떨었습니다. 때로는 배신감과 모욕감에 잠을 못 이뤘습니다. 그러나 제가 그런 분노에 굴복하면 설교를 통해 성도들에게 독초를 먹이고, 교회에 상처를 주게 된다는 생각에 밤새 기도하면서 용서할 능력을 구하고 또 구했습니다. 차 안에서 소리를 질러 보기도 하고, 홀로 하염없이 울어 보기도 했습니다. 결국 그 용서의 선택이 저를 분노에서 구원해 줬습니다. 그 분노가 제 꿈을 파괴하지 않도록 이끌어 준 것입니다.

다윗이 그를 모욕한 나발에게 복수하려고 하자 아비가일이 이렇게 말합니다. "당신은 하나님이 택하신 사람이고, 왕이 될 것이고, 의로운 전쟁을 하고 있는데 왜 그 미련한, 개만도 못한 나발 때문에 망치려고 하십니까? 복수는 당신의 꿈을 방해하는 것입니다." 그 말에 다윗은 복수하지 않습니다. 복수하면 결국 다윗의 인생을 향한 하나님의 계획이 망가지는 것입

버려진 게 아니라 뿌려진 것이다

니다.

혹시 지금 누군가에게 상처를 입었다면, 고통 받는 당신을 주변 사람들은 다 알고 있습니다. 제가 목회하면서 힘들어할 때, 제 주변에 있는 분들이 제가 누구 때문에 상처 받고 힘들어하는지, 말은 안 하지만 다 알았습니다. 그때의 상처 때문에 복수심을 품고, 미움을 품고, 눈도 안 마주치고, 째려보고, 틈만 나면 험담하고 다니는 것은 그 사람을 처벌하는 게 아닙니다. 주변 사람들에게 우리가 얼마나 시시한 사람인지를 발표하고 다니는 것입니다. 다윗이 사사로운 복수심에 사로잡혀서 나발을 죽였다고 소문이 나면, 결국 그는 백성들에게 "나는 임금감이 아니요. 나는 하나님의 종이 될 자격이 없는 사람이요. 나는 아주 시시하고 속 좁은 사람이요" 하고 발표하는 꼴이 되는 것입니다.

반면에 용서하면 어떻게 될까요? 억울한데 참고, 상처 받았는데 선대하면 어떻게 될까요? 그러면 주변 사람들이 다 보고서는 "저 사람 훌륭해. 정말 하나님의 사람이야"라고 말하지 않을까요? 용서는 이렇게 우리의 꿈을 위해 하는 것입니다. 그렇다면 우리는 어떻게 용서할 수 있을까요?

○

용서하는 방법

복수심을 내려놓으십시오

먼저 용서의 의미를 알아야 합니다. 용서는 헬라어로 '아피에
미'인데, 이것은 '붙잡고 있는 것을 놔 버린다'라는 뜻입니다.
그러면 용서는 무엇을 놓아 버리는 것일까요? 바로 복수심을
놓아 버리는 것입니다. 나를 문 뱀을 더 이상 쫓지 않는 것입니
다. 미워하는 마음, 복수하겠다는 마음을 그냥 놔 버리는 것입
니다.

요셉이 한 일도 바로 복수하겠다는 마음을 놔 버린 것입니
다. 요셉은 그의 아들의 이름을 '므낫세'라고 지었는데, 그 이
름의 의미가 바로 그것을 알려 줍니다.

"요셉이 그의 장남의 이름을 므낫세라 하였으니 하나님이
내게 내 모든 고난과 내 아버지의 온 집일을 잊어버리게 하셨
다 함이요"(창 41:51).

요셉이 무엇을 잊어버렸다고 합니까? 바로 애굽에서 당한
13년의 고난과 아버지의 온 집일을 잊어버렸다고 합니다. 그
는 아버지 집에서 형들로부터 배신당한 일도 잊어버렸습니다.
고난의 삶 속에서 당한 수많은 억울함, 분노, 상처도 잊어버렸
습니다. 이처럼 용서란, 잊어버리는 것입니다. 복수심을 마음

버려진 게 아니라 뿌려진 것이다

에서 놔 버리는 것입니다.

그런데 성경은 하나님이 주도적으로 잊어버리게 하셨다고 말하고 있습니다. 우리는 여기에 주목해야 합니다. 어떻게 하나님은 요셉의 아픈 과거를 잊어버리게 하셨을까요? 요셉은 7년의 풍년 중에 아들을 낳고 이 고백을 하고 있습니다. 하나님이 풍년의 축복을 통해 잊어버리게 하신 것입니다. 그 7년 동안 요셉에게 무슨 일이 있었던 것일까요?

• 환경의 욕구를 채워 주셨습니다

하나님은 요셉이 국무총리가 되어 세마포 옷을 입고, 버금수레를 타고, 금사슬을 목에 걸고, 많은 물질을 누리게 하셨습니다. 요셉은 이렇게 좋은 것을 누림으로써 옥살이한 일, 옷을 빼앗긴 일, 쇠사슬을 목에 건 일에 대한 상처가 치유되는 것을 느꼈을 것입니다.

• 사회적인 인정의 욕구를 채워 주셨습니다

바로는 요셉을 보고 신의 감동을 입은 자라고 말했습니다. 그를 국무총리감으로 인정했습니다. 그리고 요셉은 자신에게 맡겨진 일을 탁월하게 처리했습니다. 그렇게 그는 인정받았고, 자신의 실력을 유감없이 발휘하여 실적을 올렸습니다.

요셉은 형들에게 인정받지 못했습니다. 모함을 받아서 가정총무의 자리도 빼앗겼습니다. 그런데 이제는 그가 인정받고 있습니다. 더 이상 형들의 인정을 갈구하지 않아도 되었습니다. 그것을 증명하기 위해 살아갈 필요가 없어졌기 때문입니다.

• 정서적인 욕구를 채워 주셨습니다

요셉은 결혼하여 아들을 낳았습니다. 가족을 이룬 것입니다. 그에게는 형들에게 버림 받고 아버지 집을 떠나게 된 정서적인 쓰라림이 있었습니다. 그런데 아름다운 아내를 만나고 귀여운 자녀들을 낳음으로써 그러한 정서적 욕구가 해결된 것입니다. 이제 더 이상 아버지의 집을 생각하지 않게 된 것입니다. 모세도 광야에서 40년동안 연단받을 때 한 일이 결혼해서 자녀를 낳고 산 것이었습니다. 요셉은 행복하고 친밀한 가정을 이룬 후에야 모든 상처를 잊어버릴 수 있었습니다. 하나님은 그 누림을 통해 잊어버리게 하셨습니다.

그렇다면 왜 하나님은 요셉에게 잊어버리게 하셨을까요? 그 이유를 요셉이 둘째를 낳았을 때 지어 준 이름에서 찾아볼 수 있습니다. 요셉은 아들의 이름을 '에브라임'이라고 지었습니다. 그리고 "하나님이 나를 내가 수고한 땅에서 번성하게 하셨다"(창 41:52)라고 말합니다. 므낫세의 잊어버림 다음에 에브라임의 번성이 따라옵니다. 하나님이 먼저 잊어버리게 하신 것은, 그다음에 번성의 복을 주시기 위함입니다. 앞에서 용서는

버려진 게 아니라 뿌려진 것이다

우리 자신을 위한 것이라고 했습니다. 그 원리를 여기서 다시 한번 확인하게 됩니다. 하나님은 요셉이 과거에 매여 그 앞에 놓인 놀라운 축복을 놓치길 원치 않으셨습니다. 그래서 잊어버리게 하신 것입니다.

여기서 중요한 것은, 요셉이 이러한 주님의 계획을 믿고 받아들였다는 사실입니다. 아무리 하나님이 은혜를 부어 주셔도 요셉이 복수심을 불태우고 있었다면 그는 결코 잊어버릴 수 없었을 것입니다. 주님이 잊으라고 하셔도 잊기를 거부하면서 절치부심(切齒腐心)했을 것입니다. 하지만 요셉은 적극적으로 복수심을 놓아 버렸고, 주님이 주시는 축복을 누리면서 과거의 모든 아픈 기억조차 다 잊어버렸습니다. 그리고 자신을 하나님의 축복의 강물에 맡김으로써 꿈의 주인공이 되었습니다.

어떤 분이 부모의 원수를 갚기 위해 평생 원한을 품고, 원수 갚기까지 웃지도 않겠다고 결심했습니다. 그리고 수십 년 만에 결국 그 원수를 찾았는데, 그 사람을 보니 너무나도 시시한 사람이었습니다. 그는 그냥 내버려 둬도 인생이 비참한 원수를 바라보면서 저 인간을 위해 내 인생을 복수심으로 소비했다는 사실을 후회했습니다.

왜 우리는 복수심을 놔 버려야 합니까? 그렇게 소비하기엔 우리 인생이 너무나 복되기 때문입니다.

앞에서도 언급했듯이, 아비가일이 복수심으로 가득한 다윗을 설득한 내용의 핵심은, 바로 다윗으로 하여금 그의 인생을 향한 하나님의 계획이 얼마나 복된 것인지를 깨닫게 한 것입니다. 하나님이 그의 집을 세우실 것이며, 그를 생명싸개 안에 안으실 것이며, 이스라엘의 지도자, 즉 왕이 되게 하실 것이라고 말해 준 것입니다. 그래서 다윗이 형편없는 나발에게 복수하는 데 소비하기엔 자신의 인생이 너무 귀하다고 생각하게 된 것입니다.

그렇습니다. 복수와 미움으로 낭비하기엔 하나님이 계획하신 우리의 삶이 너무나 아름답습니다. 그러므로 복수심, 미움을 놔 버리고 용서하고 용납할 줄 알아야 합니다. 나의 삶의 축복을 가로막는 것은 과거도 아니고, 그 사람도 아닙니다. 바로 용서하고 용납하지 못하는 나 자신입니다.

《사랑을 선택하는 특별한 기준》(사람풍경, 2012)이라는 심리학적 상담을 담은 소설에 나오는 이야기입니다. 주인공 세진은 30대 후반의 미혼 여성입니다. 그녀는 어릴 적에 부모님과 떨어져 외가에서 자라야 했습니다. 그래서 그로 인해 자신도 모르게 어머니와 아버지에 대한 '거절감의 상처'를 갖고 있었습니다. 또 청소년기에 아버지가 어머니와 자신이 아닌 다른 여성을 사랑한다는 것을 알고, '버림 받음의 상처'를 갖게 됐습니다. 이 모든 게 못난 자신 때문이라고 자책했습니다. 어려서부터 부모의 사랑을 마음껏 누리지 못하고, 눈치를 보며 자라야

버려진 게 아니라 뿌려진 것이다

했던 그녀는 어떤 욕심도, 집착도 자신에게는 사치라고 여겼습니다. 그녀는 그런 자신이 초라하다고 느꼈습니다. 남들이 부러워할 만한 아름다운 외모에 좋은 대학을 나온 전문직 여성임에도 불구하고 자신의 삶을 누릴 줄 몰랐습니다. 누군가 밥 사 달라고 하면 나가도 밥 사 주겠다고 하면 나가지 않았습니다. 남을 위해 희생하는 것은 잘해도 자신을 위해서는 조그만 사랑도 할 줄 몰랐습니다. 그렇게 해야 자신이 쓸모 있는 사람으로 보였기 때문입니다.

무엇이 그녀로 하여금 스스로를 초라하게 여기도록 만드는 것일까요? 그녀는 자신을 용서하고 용납하지 못했습니다. 자신이 못났기 때문에 부모가 자신을 버렸다고 생각했고, 그로 인해 부모가 이혼한 것이라고 생각했습니다. 그런 자신을 향한 복수심으로 그녀는 스스로를 처벌하며 살아가고 있는 것입니다. 여기서 중요한 것은, 다른 사람에 대한 복수심 때문이든, 나 자신을 용납하지 못하기 때문이든, 그것이 우리 인생을 향한 하나님의 놀라운 축복을 가로막는다는 사실입니다.

그녀는 나 때문이라는 정죄의 늪에서 벗어나야 합니다. 부모의 이혼은 나 때문이 아니며, 나의 삶 역시 사랑받기 위해 태어난 복된 삶이라는 사실을 명심해야 합니다. 그래야 나의 내면에 가려진 정죄의 먹구름이 사라지고, 하나님이 비춰 주시는 축복의 은총이 비춰질 것입니다.

공의의 하나님께 맡기십시오

그럼에도 불구하고 복수심과 원한을 완전히 내려놓기가 어려운 이유는, 바로 공의에 대한 마음 때문입니다. "그 사람이 자신의 잘못에 대해 처벌받지 않았는데, 어떻게 내가 그에 대한 분노와 복수심을 내려놓을 수 있는가? 그것은 공의롭지 않다"는 것입니다.

그러나 용서란 공의를 무시하는 게 아닙니다. 용서란 우리가 그 사람의 죄를 사해 주는 게 아닙니다. 죄를 사할 권한은 하나님께만 있습니다. 내가 용서한다고 그의 죄가 사라지는 게 아닙니다. 내가 용서한다는 것은 단지 내가 복수하지 않겠다는 것이지, 내가 그 죄를 없애주겠다는 것이 아닙니다. 용서란, 하나님이 심판하시기에 하나님께 모든 공의의 판결을 맡기고, 나는 복수심을 내려놓는 것입니다.

차량 접촉 사고가 나면 내려서 싸울 필요가 없습니다. 오히려 내 차를 박은 사람에게 가서 놀라지 않았느냐고 말하면 됩니다. 어디 다친 데 없는지 물어보고, 나머지는 보험사에게 맡겨 놓고, 나는 내 볼일 보러 가면 됩니다. 누가 나에게 물리적 피해를 입혔다면, 그와 맞서서 싸울 필요가 없습니다. 그냥 검찰에 고소하면 됩니다. 그러면 검사가 다 알아서 그 사람을 처벌합니다.

용서한다는 것은 내가 처벌하지 않고, 복수심을 버리고, 하

버려진 게 아니라 뿌려진 것이다

나님의 공의와 처벌에 맡기는 것입니다.

다윗이 사울을 죽일 기회가 2번이나 있었는데도 죽이지 않은 이유가 여기에 있습니다. 사울을 죽일 수 있는 순간에 다윗이 그의 옷자락만 베고는 한 말이 있습니다.

"여호와께서는 나와 왕 사이를 판단하사 여호와께서 나를 위하여 왕에게 보복하시려니와 내 손으로는 왕을 해하지 않겠나이다 … 그런즉 여호와께서 재판장이 되어 나와 왕 사이에 심판하사 나의 사정을 살펴 억울함을 풀어 주시고 나를 왕의 손에서 건지시기를 원하나이다"(삼상 24:12, 15).

이것은 단지 구약의 논리일 뿐이고 신약의 사상은 다를까요? 그렇지 않습니다.

"내 사랑하는 자들아 너희가 친히 원수를 갚지 말고 하나님의 진노하심에 맡기라 기록되었으되 원수 갚는 것이 내게 있으니 내가 갚으리라고 주께서 말씀하시니라"(롬 12:19).

원리는 똑같습니다. 우리가 분노와 복수심을 내려놓을 수 있는 이유는, 바로 공의로우신 하나님이 계시기 때문입니다. 지난 22년간 요셉의 형들의 삶을 보면, 공의로우신 하나님이 그들의 죄를 다루고 계심을 볼 수 있습니다. 그들이 받은 상처가 요셉이 받은 상처보다 큰 것을 보게 됩니다.

기도로 하나님께 고소하십시오

그러면 우리는 어떻게 공의로우신 하나님께 보복을 맡길 수 있을까요? 기도하면 됩니다. 우리의 억울한 사정, 원한, 분노를 하나님께 아뢰면서 우리의 심정을 토로하는 것입니다. 나의 억울한 심정, 분노의 심정을 하나님께 다 말씀드리는 것입니다. 이게 바로 하나님께 송사하는 것입니다. 하나님께 고소장을 제출하는 것입니다. 다윗도 하나님께 고소를 합니다.

"그들의 눈이 어두워 보지 못하게 하시며 그들의 허리가 항상 떨리게 하소서 주의 분노를 그들의 위에 부으시며 주의 맹렬하신 노가 그들에게 미치게 하소서"(시 69:23~24).

유진 피터슨(Eugene H. Peterson)은 이렇게 말했습니다.

> "우리의 증오심은 억압시켜야 하는 게 아니라 기도로 쏟아 내야 하는 것이다."

그런데 우리는 대체로 거꾸로 합니다. 하나님 앞에서 기도할 때는 "주님, 용서하게 해 주세요" 하지만, 정작 그 사람을 만나면 원수 대하듯 합니다. 이것을 '허위적 경건'이라고 합니다.

그러나 다윗은 어떻게 했습니까? 기도할 때는 "주님, 사울 그 인간 가만두면 안 됩니다. 내 억울함, 내 아픔 아시죠?" 하고

버려진 게 아니라 뿌려진 것이다

쏟아 냈습니다. 사울을 만나서는 어떻게 했습니까? 선대했습니다. 그를 존중했습니다. 이것이 진짜 경건입니다.

한나는 브닌나의 대적에 맞서 싸우지 않았습니다. 그녀는 자신의 원통함과 격분한 심정을 하나님 앞에서 쏟아 놓았습니다. 하나님께 고소했습니다.

"여호와 앞에 내 심정을 통한 것뿐이오니"(삼상 1:15하).

"나의 원통함과 격분됨이 많기 때문이니이다 하는지라"(삼상 1:16하).

주님이 말씀하신 과부의 비유를 보십시오. 그녀는 늘 재판장에게 와서 내 억울함을 풀어 달라고 말합니다. 이렇게 우리의 원한을 하나님께 와서 고발하라는 것입니다. 그러면 하나님이 우리를 대신해 복수해 주시겠다는 것입니다.

"하물며 하나님께서 그 밤낮 부르짖는 택하신 자들의 원한을 풀어 주지 아니하시겠느냐 그들에게 오래 참으시겠느냐"(눅 18:7).

이렇게 기도하지 못하고 늘 경건한 척하며 기도하니까 그 인간 앞에만 서면 얼굴이 일그러지는 것입니다. 허위적 경건을 버리십시오. 하나님 앞에서는 솔직하게, 있는 그대로 기도하면 됩니다.

불쌍히 여기는 마음을 가지십시오

어떤 사람이 자신에게 피해 준 사람을 몇 년의 수소문 끝에 찾았다고 합니다. 그런데 그 사람을 보니까 그 사이에 사업이 망해서 가족이 뿔뿔이 흩어지고, 그는 병에 걸렸는데 병원비가 없어서 병원도 못 가고, 단칸방에서 초라하게 죽어 가고 있었습니다. 그 모습을 본 순간 그의 마음에 복수심이 싹 사라지고, 불쌍한 마음이 들었다고 합니다. 왜 그럴까요? 이미 그가 처벌받았다고 생각하기 때문입니다.

하나님이 공의로우신 재판장이시고 원수 갚는 일이 그분께 있다는 사실을 믿고, 그분께 송사하고 내 억울함을 아뢰고, 그분이 내 기도를 들어 주실 것을 믿으면 마음에 변화가 생깁니다. 그 인간에 대한 불쌍한 마음이 생기기기 시작합니다. 그래서 오랫동안 찾았던 그 불쌍한 원수에게 오히려 약값이라도 놓고 가게 되는 것입니다.

요셉이 22년 만에 만난 형들은 너무나 초라했습니다. 요셉은 그들이 불쌍했을 것입니다. 그래서 로마서를 보면, 네 원수가 주리면 이미 처벌받고 있으니 먹이라고 하셨습니다(롬 12:20). 모세의 율법에 네 원수의 소나 나귀가 길을 잃으면 찾아주라고 하셨습니다(출 23:5). 원수가 주린다는 것은 이미 심판 가운데 있음을 보여 주는 것입니다. 그래서 그를 불쌍히 여기라는 것입니다. 그가 손을 내밀면 도와주라는 것입니다.

버려진 게 아니라 뿌려진 것이다

원수를 사랑하십시오

그런데 여기서 끝나지 않습니다. 요셉은 용서를 선택하고 꿈을 향해 걸어가면서 국무총리가 되고, 7년간의 풍년을 만나고, 결혼해서 아들 둘을 낳습니다. 상처를 다 잊어버리고 행복하게 삽니다. 하나님이 놀랍게 부어 주시는 축복을 누립니다. 하나님은 그를 치유하실 뿐 아니라 넘치는 은혜도 부어 주셨습니다. 이러한 축복 속에서 요셉은 형들에 대한 모든 분노를 잊어버렸습니다. 오히려 형들을 향한 하나님의 목적을 생각하면서, 자신이 형들과 그들의 자녀들을 책임지겠다고 마음먹습니다.

결국 그의 마음에 긍휼을 넘어선 사랑이 샘솟게 된 것입니다. 바로 이것이 용서의 완성된 모습입니다. 우리가 용서를 선택하고 결단하면 하나님이 이렇게 이끌어 주십니다. 그리스도의 사랑을 넘치게 부어 주셔서 상처를 씻어 주실 뿐 아니라 원수를 사랑할 수 있게 해 주십니다.

결국 중요한 것은 시작입니다. 복수심을 내려놓고 모든 심판을 하나님께 맡기고 나는 용서하기로, 선대하기로 결정하는 것입니다. 그렇게 믿음으로 선택하고 결단하면 하나님이 풍성한 은혜로 우리를 이끌어 주십니다. 미움과 복수의 노예가 되는 인생이 아니라 꿈을 이루는 멋지고 행복한 인생으로 빚어 주십니다.

27세에 백만장자의 대열에 오른 폴 마이어(Poul J. Meyer)라는 분이 있습니다. 그는 자신의 상담 프로그램으로 연간 20억 달러 이상의 매출을 올리고 있습니다. 그의 가족은 40개 이상의 회사를 운영하고, 30개 이상의 선교 및 복지 단체를 지원하고 있습니다.

그런데 그의 아버지는 용서를 모르는 분이었다고 합니다. 한번은 그의 이모부에게 "내 집에서 독일어를 사용하지 말게. 내 말을 어기면 우리 집에 발을 들여놓지 못할 줄 알게. 이제 우리는 미국에서 살고 있으니 영어를 사용하게"라고 말했는데, 이모부가 또다시 독일어를 사용해서 더 이상 그의 집에 발을 들여놓지 못했습니다. 그래서 명절 때는 차를 100m 떨어진 곳에 세우고, 이모만 보내고 이모부는 차에서 혼자 기다려야 했습니다.

한번은 고모가 마이어의 생일에 그의 귀가 크다며 웃었습니다. 그때부터 그의 아버지는 고모와 모든 대화를 단절했습니다. 고모는 가까운 곳에 사는 유일한 친척이었는데 35년간 일체 말 한마디 섞지 않고 지냈습니다. 그렇게 그의 아버지는 평생 용서를 모르고 살았습니다. 그리고 7년간 질병으로 고생하다가 죽었습니다. 그 7년 동안 진통제 주사만 5,000회 넘게 맞았다고 합니다. 마이어는 이 모든 것이 용서하지 않은 탓이라고 말합니다.

버려진 게 아니라 뿌려진 것이다

반면에 그의 어머니는 아버지와는 다르게 용서의 사람이었습니다. 그가 어릴 적에, 그의 어머니는 맛있는 요리를 만들어서 저녁상을 차렸습니다. 그 음식을 만드는 데 거의 하루가 소비되었습니다. 그날 저녁 집에 돌아온 아버지는 밖에서 무슨 일이 있었는지 기분이 몹시 상한 듯 보였습니다. 아버지는 저녁 시간을 화풀이 시간으로 삼기로 작심했는지, 식탁보의 네 귀퉁이를 척척 접어서 음식과 접시를 모조리 담아 뒷문 밖에 던져 버렸습니다. 마이어는 너무 어이가 없어서 나중에 어머니에게 왜 냄비를 집어던지면서 맞서지 않았느냐고 물었습니다. 그러자 어머니는 이렇게 말했습니다.

"네 아버지와 결혼 생활을 시작한 지 20년이 되었다. 그동안 나는 이런 일이 있을 때마다 항상 다른 쪽 뺨을 돌려대곤 했단다."

그러면서 마태복음 18장 22절 말씀을 인용하면서 일흔 번씩 일곱 번 용서하려면 아직도 멀었다고 덧붙였습니다. 이러한 어머니의 말이 그의 마음에 고스란히 스며들었습니다. 마이어는 아버지가 보여 준 용서하지 않는 삶과 어머니가 보여 준 용서하는 삶 중에 어느 것이 더 큰 평화와 기쁨을 주는 삶인지 쉽게 알 수 있었다고 합니다.

그는 어느 날 어머니에게 이렇게 말했습니다. "저는 어머니의 삶이 더 좋아요. 어머니는 행복하고 친구들도 많지만, 용서

를 모르는 아버지는 어머니만큼 친구들이 많지 않아요." 그러
자 어머니는 "얘야, 너는 기로에 서 있단다. 용서하는 삶과 용
서하지 않는 삶 가운데 어떤 삶을 선택하느냐가 네 인생에 큰
영향을 미치게 될거다"라고 말했습니다. 마이어는 용서를 선
택했습니다. 그것이 오늘날 그의 삶을 행복한 인생, 다른 사람
들을 돕는 인생, 성공적인 인생으로 만들어 주었습니다.

버려진 게 아니라 뿌려진 것이다

복수를 선택한 인생과 용서를 선택한
인생의 결과는 완전히 다릅니다.
분노의 노예가 될 것인지,
사랑하는 삶을 살 것인지 우리는 선택해야 합니다.

용서는 일방적입니다.
그러나 화해는 쌍방 간에 이뤄지는 것입니다.
상대방이 변화되어야 화해할 수 있습니다.
변화되는 만큼 용서의 은총을 경험할 수 있습니다.

7. 용서의 씨앗이 심어질 때 화해의 꽃이 핀다

용서를 넘어 화해로 나아가야 합니다

○

용서와 화해의 차이

요셉은 형들을 이미 용서했습니다. 그런데 왜 요셉은 형들을 만났을 때, 자신을 숨긴 채 형들을 괴롭혔을까요? 아직도 완전히 용서하지 않은 것일까요? 아직도 뭔가 앙금이 남아 있는 것일까요? 요셉이 양식을 구하러 애굽으로 내려온 형들을 괴롭게 하는 이 장면이 무엇을 의미하는지 알려면, 먼저 용서와 화해의 차이를 이해해야 합니다.

용서는 상대방이 변화되었든 아니든, 내가 일방적으로 할 수 있습니다. 그와 만나서 내 감정을 풀지 않아도 믿음으로 용서할 수 있습니다. 그러나 화해는 일방적으로 하는 게 아닙니다. 화해는 쌍방 간에 존재하는 문제가 해결되어야만 가능합니다. 쌍방 간에 감정이 모두 풀려야 화해할 수 있는 것입니다. 화해는 상대방이 회개하고 변화되어야 이뤄질 수 있습니다. 용서는 상대방을 신뢰할 수 없어도 가능한 것이지만, 화해는 상대방에 대한 신뢰를 기초로 하는 것입니다.

예를 들어 남편이 도박을 했습니다. 집 두 채 중 한 채를 날려 버렸습니다. 그런데 아내가 용서해 주었습니다. 그러면 나머지 집 한 채도 남편에게 맡겨야 할까요? 아닙니다. 성경이 용서를 말할 때는, 계속 괴로움을 당하고 계속 피해를 당하라는 것이 아닙니다. 용서를 했으면, 남편에게 집안의 모든 경제를 다시 맡기고 함께 공유할 수 있는 화해로까지 나아가야 합니다. 그런데 그 화해에는 상대방의 변화가 동반되어야 합니다. 남편이 도박에서 완전히 벗어났다는 확신과 신뢰가 있을 때 가능한 것입니다.

"할 수 있거든 너희로서는 모든 사람과 더불어 화목하라" (롬 12:18).

성경은 '할 수 있거든' 모든 사람과 더불어 화목하라고 합니다. 그러니까 화해할 수 없을 때도 있다는 것입니다. 상대방이 변

버려진 게 아니라 뿌려진 것이다

화되지 않았을 때, 그래서 상대방을 신뢰할 수 없을 때 용서는 할 수 있습니다. 필요하면 악수도 하고 웃어 주고 필요한 도움을 줄 수도 있습니다. 하지만 꿈과 비전을 함께 나누던 이전 상태로는 돌아갈 수 없습니다.

그러면 용서만 하고 화해는 안 해도 될까요? 그렇지 않습니다. 그것은 성경이 가르치는 용서가 아닙니다. 예수님의 용서는 화해로까지 나아가는 것입니다. 하나님이 우리에게 "내 아들이 너를 위해 죗값을 치렀으니 이제 네 죄는 없는 것으로 치겠다. 너를 처벌하지 않겠다. 그리고 너에게 일반 은총의 사랑을 앞으로도 베풀 것이다. 햇빛도 주고 비도 줄 것이다. 하지만 내가 너를 위해 가졌던 나의 계획은 이제 끝났다. 네가 나를 실망시켰기 때문에 이제 너의 삶을 위해 가졌던 특별한 은총은 끝났다"라고 하십니까? 그렇지 않습니다. 주님의 십자가는 우리를 향한 화목제물입니다. 십자가는 하나님의 진노만 해결하는 것이 아니라 하나님과 우리 사이를 화목하게 합니다. 전처럼 우리를 사랑하시고, 우리를 향한 모든 축복과 놀라운 계획을 다시 회복시켜 주십니다.

주님이 우리에게 명령하시는 용서는 바로 이와 같은 것입니다. 단지 복수하지 않고 미워하지 않고 외면하지 않고 웃어 주고, 필요하면 협조하는 정도에서 끝나라는 게 아닙니다. 남편을 용서하되, 그냥 아이들을 위해 참고 살아 주는 정도로만 하면 안 뇌는 것입니다. 주님이 원하시는 용서는 화해까지 가는 것입니다. 원래의 그 풍성한 자리, 사랑의 자리까지 나아가는 것입니다. 그래서 용서는 화해의 시작이요, 발판입니다.

○

감정을 통제한 요셉

우리가 요셉에게서 배워야 할 것이 있는데, 바로 자신의 감정을 통제하는 모습입니다. 본문에서 요셉은 대성통곡하기 전에 형들 앞에서 2번이나 눈물을 보일 뻔했습니다. 첫 번째는 형들이 잘못했다고 고백하는 것을 들었을 때입니다.

"요셉이 그들을 떠나가서 울고 다시 돌아와서"(창 42:24상).

요셉은 눈물을 숨기고 자신의 감정을 억제했습니다.

두 번째는 형들이 동생 베냐민을 데려왔을 때입니다. 요셉은 그를 보자 사랑의 정으로 눈물이 나오려고 했습니다. 하지만 또다시 감정을 통제했습니다.

"요셉이 아우를 사랑하는 마음이 복받쳐 급히 울 곳을 찾아 안방으로 들어가서 울고 얼굴을 씻고 나와서 그 정을 억제하고 음식을 차리라 하매"(창 43:30~31).

요셉은 왜 흐르는 눈물을 숨기고 마음의 정을 억제하면서까지 자신을 밝히지 않는 것일까요? 이러한 통제를 통해 그가

버려진 게 아니라 뿌려진 것이다

얻는 것은 무엇일까요? 만일 요셉이 감정을 절제하지 못하고 자신을 밝혔다면, 형들이 아름답게 변화된 모습을 확신하지 못했을 것입니다. 용서의 마음으로 당장 화해를 신청했는데, 시간이 지나면서 자꾸 상처가 기억나고 의심이 가고, 그래서 마음이 흔들렸을 것입니다. 당장의 감정을 유보하니까 형들의 변화된 모습을 보게 되고, 그 결과 진정한 화해에 이르게 된 것입니다.

우리가 마음이 힘들다고 쉽게 감정을 내보이고 속마음을 보여 주기 때문에 손해 보고 이용당한다는 느낌을 갖는 것입니다. 때로는 해 주고 싶어도 안 해 주는 게 사랑입니다. 자녀가 안쓰럽고 불쌍하니까, 아이가 그저 잘못했다는 시늉만 해도 무조건 안아 주고, 사 달라는 거 다 사 주면 결국 아이를 망치게 됩니다. 그리고 아이들은 엄마의 그런 약한 감정을 이용합니다. 감정을 제어하는 법을 배우지 못하면 결국 내가 이용당하기 쉽습니다.

감정을 통제하라는 것은 싸늘하게 대하고 째려보는 것을 말하는 게 아닙니다. 용서하되, 화해의 손짓과 동역의 걸음은 상대방의 변화와 신뢰 속에서 진행하라는 것입니다.

○

화해를 위한 3-STEP

창세기에서 가장 지루하고 이해하기 어려운 내용은 바로 요셉이 형들과 만나는 장면입니다. 왜 이 장면을 이렇게 길게 기록하는지, 왜 요셉은 형들을 이렇게 괴롭히는지 잘 이해가 안 됩니다. 그런데 이렇게 지루해 보이는 내용 속에 용서에서 화해에 이르는 소중한 진리가 담겨져 있습니다.

요셉은 용서에 머물지 않고 화해로 이르기 위해 3가지 테스트를 합니다. 이 3가지 테스트는 화해에 이르는 3단계를 우리에게 알려 줍니다. 요셉처럼 용서해야 할 입장에 있는 사람은 이 사건을 통해 어떻게 용서에서 화해로 나아가는지를 배울 수 있습니다. 요셉의 형들처럼 용서받아야 할 입장에 있는 사람들은 어떻게 하는 것이 진정한 회개요. 화해에 이르는 회개인지를 배울 수 있을 것입니다.

다음 장에서 각각의 테스트에 대해 자세히 살펴보겠지만, 여기서는 화해에 이르는 3가지 단계를 간략하게 살펴보겠습니다.

화해의 1-STEP : 정탐꾼 테스트

첫 번째 테스트는 요셉이 형들을 정탐꾼으로 몰아세우는 단계입니다. 여기서 우리는 화해에 있어서 자백의 중요성을 발견하게 됩니다.

화해의 2-STEP : 베냐민 테스트

두 번째 테스트는 요셉이 시므온을 볼모로 잡고 동생 베냐민을 데려 오라고 하는 내용입니다. 여기서 우리는 화해에 있어서 죄에서 돌이키는 것의 중요성을 발견하게 됩니다.

화해의 3-STEP : 은잔 테스트

세 번째 테스트는 베냐민의 자루에 은잔을 숨기고 베냐민만 노예로 삼겠다고 하는 것입니다. 여기서 우리는 완전한 화해에는 변화, 즉 회개에 합당한 열매가 필요하다는 사실을 발견하게 됩니다.

결국 우리는 요셉과 형들과의 만남에서 용서에서 화해에 이르는 3가지 단계를 발견하게 됩니다. 그것은 고백 - 죄에서 돌이킴 - 열매(변화)입니다. 앞에서 말한 대로 용서는 일방적입니다. 그러나 화해를 통한 풍성한 은총의 경험은 쌍방적입니다. 우리가 변화되는 만큼 풍성한 용서의 은총을 경험하게 됩니다.

다음 세 장에서 화해를 향한 각각의 걸음들을 살펴볼 것입니다. 우리의 삶을 더 풍성한 은혜의 자리로 이끄는 원리들을 체득할 수 있기를 바랍니다.

용서에서 화해로 나아가려면 필요한 게 있습니다.
"내가 잘못했다. 내가 미안하다"는 한마디 고백입니다.
죄의 고백입니다.
이것이 사랑의 화해로 이끄는 열쇠입니다.

8. 한마디 고백이 마음의 응어리를 풀어 준다

화해를 위한 1-STEP : 정탐꾼 테스트

○

요셉의 정탐꾼 테스트

그동안 성경의 렌즈는 애굽으로 팔려 간 요셉을 향하고 있었습니다. 그런데 이제 22년 만에, 드디어 요셉을 팔아 버린 형들이 어떻게 살고 있는지를 보여 줍니다. 요셉을 미워하고 시기하여 팔아 버린 형들은 과연 어떻게 살고 있을까요?

용서받지 못한 인생의 초라한 모습

요셉의 형들은 용서받지 못한 자의 초라한 모습을 보여 주고 있습니다. 온 땅의 가뭄이 가나안에도 찾아왔고, 야곱의 가족도 양식이 떨어져 가고 있었습니다. 그런데 이웃 나라 애굽에는 곡식이 있다는 소식이 들려왔습니다. 동네 사람들은 너도나도 애굽으로 양식을 사러 떠났습니다(창 42:1~2). 그런데 형들은 지금 뭐하고 있습니까?

야곱이 그들에게 "너희는 어찌하여 서로 바라보고만 있느냐"(창 42:1하)고 말합니다. 그들은 아무 일도 안 하고, 앉아서 서로 얼굴만 바라보고 있는 것입니다. 지금 이들은 다 출가해서 자녀가 있는 가장이고, 나이도 40~50대의 어른이었습니다. 아버지가 시키기 전에 먼저 대안을 세워서 양식을 사 오겠다고 해야 하지 않습니까? 그런데 그들은 아버지가 시키기 전에는 나서지 않습니다. 새로운 일, 도전하는 일, 상상력을 동원하고 아이디어를 세우는 창조적인 일을 하지 못합니다. 요셉과는 전혀 딴판입니다. 고난 속에서도 꿈을 꾸고, 도전하고, 불가능을 가능케 하는 요셉의 모습과는 전혀 다릅니다.

왜 이렇게 다를까요? 그들의 상상력, 도전 정신, 용기를 앗아가 버린 내면의 실체는 무엇일까요?

"그들이 서로 말하되 우리가 아우의 일로 말미암아 범죄하였도다 그가 우리에게 애걸할 때에 그 마음의 괴로움을 보고

버려진 게 아니라 뿌려진 것이다

도 듣지 아니하였으므로 이 괴로움이 우리에게 임하도다 르우벤이 그들에게 대답하여 이르되 내가 너희에게 그 아이에 대하여 죄를 짓지 말라고 하지 아니하였더냐 그래도 너희가 듣지 아니하였느니라 그러므로 그의 핏값을 치르게 되었도다 하니"(창 42:21~22).

정탐꾼으로 몰리는 이 억울한 상황에서 그들은 서로 말합니다. "아우의 일로 말미암아 우리가 범죄했다. 그래서 아우가 당한 괴로움, 그의 핏값을 우리가 치르고 있다." 지금 그들에게 닥친 상황을 22년 전의 그 사건과 연결 짓는 것입니다. 그 일 때문에 우리가 죗값을 받는다고 말하는 것입니다.

무엇이 그들을 이렇게 넋이 나간 사람들처럼 만들어 놓았을까요? 바로 용서받지 못한 과거입니다. 그들은 22년 동안 그 사건을 꽁꽁 숨겼습니다. 누구에게도 말하지 않고, 자기들끼리도 말하지 않았습니다. 그러면 잊혀질 줄 알았던 것입니다. 그런데 아니었습니다. 그들이 숨긴 죄, 그들이 용서받지 못한 그 죄가 그들을 지난 22년 동안 매어 버린 것입니다. 과거에 매여 한 걸음도 나가지 못하고 있었던 것입니다.

참 아이러니합니다. 요셉은 종이 되어 팔려 갔고, 옥에 끌려가서 쇠사슬에 묶였지만 그 무엇도 요셉의 꿈, 상상력, 믿음, 지혜, 미래를 붙들어 맬 수 없었습니다. 그런데 요셉을 팔아 버린 형들은 그들이 지은 죄의 노예가 되어 22년간 묶여 있는 것입니다. 결국 상처 준 자가 더 큰 상처를 받는 법입니다.

죄는 상대방에게 상처를 입히지만 그 죄의 노예가 된, 그 죄를 지은 당사자에게는 더 심각한 상처를 입힙니다. 비교해 보십시오. 22년 전 사건은 피해자인 요셉에게는 정작 큰 상처를 입히지 못했습니다. 그 고난이 오히려 꿈의 지름길이 되었습니다. 그러나 형들은 어떻습니까? 그 죄에 의해 철저히 붙들린 삶을 살고 있습니다. 하늘 문이 닫힌 인생을 살고 있는 것입니다.

"그들의 그릇됨에 상당한 보응을 그들 자신이 받았느니라"(롬 1:27하).

누군가 죄를 지으면, 그 죄는 결국 그에게 보응되는 것입니다. 이것을 명심해야 합니다. 겉모습만 보고 저 사람은 죄를 짓고도 잘 산다고 생각하면 안 됩니다. 내면으로 들어가 보면 그의 죄가 반드시 그에게 영향을 미치고 있습니다. 그의 보이지 않는 내면의 불안, 하나님 앞에서의 두려움, 담대하지 못함, 영성의 그늘, 기도의 답답함이 있습니다. 그리고 그런 내면에서부터 흘러나오는 관계의 문제, 자녀와의 문제가 있습니다. 보이지 않는 곳에서 죄가 하나님의 은혜를 가로막고, 심각한 피해를 끼치고 있는 것입니다.

버려진 게 아니라 뿌려진 것이다

용서의 장애물은, 해결되지 않은 죄 문제

그러면 하나님은 그들의 죄로 인해 형들을 버리셨을까요? 그렇지 않습니다. 오히려 형들의 미래를 준비하고 계셨습니다. 그래서 하나님이 요셉을 먼저 보내신 것입니다. 요셉을 통해 양식을 준비하게 하신 것입니다. 형들의 미래를 향한 하나님의 계획은 무엇일까요? 양식을 살 수 있는 길이 열리는 것이 다가 아닙니다. 그들의 미래는 그 양식을 거저 얻는 것이고, 양식이 가득한 궁궐에 초대받는 것이고, 그 모든 풍성함을 마음껏 누리는 것입니다. 그곳에서 번성하여 큰 민족을 이루는 것입니다.

형들을 향한 하나님의 은혜가 얼마나 놀랍습니까? 그들이 과거에 지은 그 죄로 인해 하나님이 그들을 버리신 것이 아닙니다. 하나님의 사랑의 태양은 언제나 밝습니다. 그러나 하나님과 그들 사이를 가로막은 것이 무엇입니까? 그들의 해결되지 않은 죄악입니다. 그것이 형들의 미래를 향한 하나님의 계획을 가로막는 것입니다.

여기서 우리는 용서가 부딪친 장애물을 발견할 수 있습니다. 이미 요셉은 용서했습니다. 이미 하나님은 용서하셨습니다. 문제는, 그 용서의 은총을 받을 그릇을 형들이 준비해야 한다는 것입니다. 아무리 요셉이 용서하고, 하나님이 은혜를 계획하셨다고 해도 형들이 죄를 품은 채 돌아서지 않으면 화해도 나아갈 수 없습니다. 용서의 은총을 경험할 수 없는 것입니다.

결국 형들의 기나긴 이야기, 지루한 듯 보이는 형들의 애굽 여행기는 요셉의 형들을 화해로 이끄시는 하나님의 은총과 섭리의 이야기입니다. 우리는 형들의 첫 번째 여행을 통해 화해로 가는 첫 걸음을 보게 됩니다. 즉, 은혜를 가로막고 있는, 해결되지 않은 죄의 문제를 하나님이 어떻게 해결하시는지를 보게 됩니다.

• 맞닥뜨림의 은혜

요셉의 형들은 양식 때문에 어쩔 수 없이 애굽으로 갑니다. 그리고 그들은 하나님의 섭리 속에서 운명적으로, 필연적으로 요셉을 만나게 됩니다(창 42:6). 원수는 외나무다리에서 만난다는 말이 있습니다. 필연적으로 만난다는 것입니다. 왜 하나님은 외나무다리에서 원수를 만나게 하실까요? 원수 갚으라고요? 성경적인 관점에서 보면 그렇지 않습니다. 하나님이 도저히 해결할 수 없는 그들의 죄를 해결할 기회를 주시는 것입니다. 22년 전의 그 사건에 대해 용서받을 기회를 주시는 것입니다. 그것이 바로 맞닥뜨림의 은혜입니다.

만일 형들이 요셉과의 관계를 풀지 못하면 그들은 죽는 것입니다. 7년의 흉년은 심판을 상징합니다. 만일 우리가 이 땅에

버려진 게 아니라 뿌려진 것이다

서 죄를 해결하지 못하면, 하나님의 심판대 앞에서 죽는 것입니다. 그러므로 때로 맞닥뜨림이 껄끄럽고 불편할지라도 그러한 기회는 은혜인 것입니다.

내 자녀가 어떤 아이를 때려서 구속당할 지경에 있다고 생각해 보십시오. 피해 아이의 부모가 너무 화가 나서 만나 주지도 않고 바로 고소했습니다. 이대로 심판이 진행되면 우리 아이는 결국 구속당하게 됩니다. 그런데 우연히 그 피해자 부모를 만나게 됐다면, 그 맞닥뜨림은 은혜입니다. 용서받을 기회인 것입니다.

"네가 너를 고발하는 자와 함께 법관에게 갈 때에 길에서 화해하기를 힘쓰라 그가 너를 재판장에게 끌어가고 재판장이 너를 옥졸에게 넘겨주어 옥졸이 옥에 가둘까 염려하라"(눅 12:58).

재판장에게 가기 전에 고발하는 자와 맞닥뜨린 거기서 화해의 기회를 얻으라는 것입니다. 그러면서 주님이 형들로 하여금 요셉을 맞닥뜨리게 하신 것은 바로 그런 은혜입니다.

만일 요셉이 죽었다면, 형들은 그 죄를 영원히 지고 가야 합니다. 그런데 하나님이 요셉을 살리셔서 이렇게 맞닥뜨리게 하시는 것은 창피를 주시려는 게 아닙니다. 그들의 잘못에 대해 용서받을 기회를 주시는 것이 바로 하나님이 베푸시는 은혜입니다.

남편이 그렇게 아내를 힘들게 하고 상처를 줬어도 아내가 병들시 않고 숙지 않고 가출하지 않고 건강하게 사는 것, 그래서 예수님의 은혜로, 믿음으로 그런 남편을 오히려 이끌어 주고 남편 곁에 있어 주는 것, 이게 은혜이고 기회입니다. 남편이 잘못을 용서받을 기회인 것입니다. 자녀도 마찬가지입니다.

• 거울의 은혜

또 하나의 문제는, 우리는 누군가에게 받은 아픔은 굉장히 잘 기억하는데, 우리가 상대방에게 준 아픔은 잘 인식하지 못한다는 것입니다. 그래서 하나님이 그 잘못을 깨닫게 해 주시는 은혜의 손길이 있는데, 바로 비슷한 상황을 만들어서 거울처럼 보여 주시는 것입니다. 본문에 바로 그런 내용이 나옵니다. 형들이 자신들의 잘못을 깨닫는 이유가 무엇입니까?

"그들이 서로 말하되 우리가 아우의 일로 말미암아 범죄하였도다 그가 우리에게 애걸할 때에 그 마음의 괴로움을 보고도 듣지 아니하였으므로 이 괴로움이 우리에게 임하도다"(창 42:21).

지금 형들이 국무총리에게 애걸하면서 자신들의 결백을 증명하지만, 그가 듣지 않습니다. 이 사건을 당하면서 비로소 그들은 깨닫는 것입니다. 과거에 요셉이 살려 달라고 애걸할 때 들어주지 않았던 자신들의 비정함을, 그때의 요셉의 고통을 깨닫는 것입니다.

저는 그 대표적인 거울이 바로 자녀라고 생각합니다. 저는

버려진 게 아니라 뿌려진 것이다

우리 아이들이 클수록 아이들에게서 제 모습을 보게 됩니다. 내가 얼마나 둔한지, 아이들의 모습을 보면서 깨닫게 됩니다. 내가 고집이 센 것도, 까다로운 것도, 불평을 잘 하는 것도, 인내심이 없는 것도, 말투를 저렇게 하는 것도, 자존심이 엄청 세서 지적받는 것을 싫어하는 것도 깨닫게 됩니다. 제가 빨리 깨닫고 변화되었으면, 아마 그런 모습을 우리 아이들에게 투영하지 않았을 것입니다. 결국 저는 저의 모습으로 아이들을 키웠고, 아이들은 그 모습을 반사해서 다시 저를 찌르고 있는 것입니다.

우리가 경험하는 모든 사건 속에서 자신의 모습과 잘못을 들여다볼 줄 알아야 합니다.

• 고백의 은혜

세 번째는 바로 고백의 은혜입니다. 결국 하나님은 이 과정을 통해 형들을 고백하는 자리로 이끌어 주십니다. 바로 이 부분이 본문에서 가장 중요한 부분입니다. 형들은 22년 만에 처음으로, 자신들의 잘못을 서로 고백합니다.

"그들이 서로 말하되 우리가 아우의 일로 말미암아 범죄하였도다 그가 우리에게 애걸할 때에 그 마음의 괴로움을 보고도 듣지 아니하였으므로 이 괴로움이 우리에게 임하도다"(창 42:21).

부지중에 그들은 요셉 앞에서, 즉 당사자 앞에서 고백하고 있는 섯입니다. 그런데 놀라운 것은 바로 이 고백이 그들을 향한 은혜의 빗장을 여는 열쇠가 되고 있다는 사실입니다. 그들의 과거의 모든 죄를 용서받기 위한 열쇠가 되고 있는 것입니다. "내가 잘못했다. 우리가 범죄했다"는 죄의 자백은 얼마나 놀라운지요?

그들의 고백을 들은 요셉의 반응은 어떻습니까?

"요셉이 그들을 떠나가서 울고 다시 돌아와서"(창 42:24상).

울었습니다. 이 울음의 의미는 무엇일까요? 요셉은 이미 형들을 다 용서했습니다. 그러나 아직 상처, 응어리, 한은 남아 있었던 것입니다. 형들의 이야기를 들으면서 그렇게 애원하던 그 시절, 배신당하고 두려움 속에서 팔려 가고 그래서 울던 17세의 그 시절이 순간 떠오른 것입니다. 그리고 형들이 자신들의 잘못을 고백하는 것을 들으면서 마음의 벽, 마음의 응어리가 풀리고 있는 것입니다. 그래서 우는 것입니다.

뒤에 가면 요셉이 계속 웁니다. 이렇게 울어야 상처가 치유되고, 진정한 화해와 화목이 생깁니다. 상처를 입은 자에게는 이렇게 눈물이 필요합니다. 치유의 눈물이 필요한 것입니다.

그런데 그 치유의 눈물은 어디서 비롯될까요? "내가 잘못했다"는 한마디 말입니다. 고백은 이렇게 능력이 있습니다. 잘못했다는 말 한마디, 미안하다는 말 한마디, 나를 용서해 달라는 말 한마디에 아내와 자녀와 남편의 마음에 있던 응어리가 다

버려진 게 아니라 뿌려진 것이다

풀리는 것입니다.

어느 책에서 읽은 내용입니다.

"남자들은 여자들에 대해 많은 환상과 오해와 그리고 황당한 기대를 갖고 있는 것 같습니다. 여자들에 대한 가장 황당한 오해의 압권은, 여자는 어떤 일이든 참을 수 있다고 생각하는 것입니다. 시댁에서 어떤 부당한 대우를 당해도 참을 수 있고, 결혼해 어떤 억울한 일을 당해도 참을 수 있고, 남편이 바람을 피워도 참을 수 있고…. 여기에 용서까지 잘할 수 있을 거라고 생각합니다.

또 하나의 황당한 오해는, 어떤 억울한 일을 당해도 시간이 지나면 다 잊을 거라고 생각하는 것입니다. 억울한 일을 당해도 혼자서 참고, 스스로 용서하고, 결국은 잊을 것이라고요. 여자들을 예수님에 부처님을 더해서 알라를 섞은 존재라고 생각하는 것 같습니다. 남자들은 여자들이 유전자에 '참을 인' 자를 수만 개 새겨서 태어나고, 용서의 화신이며, 망각의 호르몬이 샘솟듯 솟아나는 존재라고 생각하는 것이 틀림없습니다.

남편이 바람 피웠을 때, 제대로 표출하지 못한 아내의 그 분노는 다 어디로 갔을까요? 총으로 쏴 버리고 싶을 만큼 분노했던 그 감정은 어디로 갔을까요? 그게 어디로 갔겠습니까. 억울함으로 아내 가슴속에 산처럼 쌓여 있습니다. 하나도 어디

가지 않고 알뜰하게 나 보여 있습니다. 남편에 대한 분노, 배신감, 상대 여자에 대한 얄미움, 자신에 대한 자괴감…. 그 자리에서 풀지 못해서 몇 배로 증폭되어 쌓여 있습니다.

남자들은 잘 모르겠지만, 그 모든 것이 쌓여 있다가 잘 발효되어서 언젠가는 꼭 밖으로 나오게 되어 있습니다. 아내의 몸속에 낳아 놓은 에이리언의 알이 부화하는 날은 꼭 옵니다. 본인이 아내에게 한 모든 짓은 언제인지는 모르지만 사라지지 않고 부메랑이 되어 자신에게 다시 꽂힐 겁니다.

방법은 하나뿐입니다. 아주 간단한 일이지요. 진심으로 사과하는 것입니다. 정말 진심으로 깊이 깨우쳐서 사과하는 것, 진심으로 그 상처를 이해하고 내가 잘못했다고 말하는 것, 미안하다고 말하는 것. 필요한 것은 단지 그것 하나뿐입니다. 아내의 가슴속에서 언젠가는 성장해서 튀어나올 에이리언을 없앨 수 있는 사람은 가해자인 당신밖에 없습니다. 결자해지라고 하지요. 절대로 없어지지 않고 언젠가는 돌아올 그 부메랑을 사라지게 할 사람은 당신밖에 없습니다. 그걸 없애야 당신도, 아내도, 애들도 행복할 수 있습니다.”

우리는 요셉을 그저 상처 받은 한 사람으로, 형들에게 아직 풀리지 않은 앙금을 가진 사람으로 봐서는 안 됩니다. 요셉이 우발적으로 형들을 엄하게 대하고, 그들을 정탐꾼으로 모는 것

버려진 게 아니라 뿌려진 것이다

이 아닙니다. 요셉은 이미 복수를 잊은 사람입니다. 만일 복수하고자 했다면 국무총리가 되고 나서 벌써 잡아 왔을 것입니다. 그러나 요셉은 9년을 기다렸습니다. 그는 이미 꿈을 해석하고, 그 꿈을 성취하는 지혜와 능력을 갖춘 존재입니다. 그래서 자신이 17세에 꾼 꿈의 의미를 잘 알고 있었습니다. 그리고 그 꿈이 성취되도록 자신이 어떻게 해야 하는지도 알고 있었습니다. 지금 요셉의 모든 행동의 의미가 바로 그것입니다. 형들과 성공적으로 화해해서 하나님의 꿈을 이루기 위해 의도한 행동인 것입니다.

그 화해의 첫걸음이 바로 자백인 것입니다. 아내가 남편의 잘못을 용서하고자 기도하면서 마음먹었습니다. 그러나 용서하고자 하는 마음은 있지만, 그 전에 확인하고 싶은 것이 있습니다. 남편이 정말 잘못했다고 느끼고 있는지, 진심으로 잘못을 인정하고 뉘우치고 있는지 확인하고 싶은 것입니다. 그러므로 아내의 마음에 있는 그 용서가 은혜로 말미암아 밖으로 흘러서 화해하도록 만드는 것은, 바로 남편의 "내가 잘못했어"라는 한마디 고백입니다. 결국 회개와 용서가 만날 때 화해가 이뤄지는 것입니다. 주님이 바라시는 화목한 공동체의 원리, 화목한 가정의 원리가 바로 이것입니다.

"너희는 스스로 조심하라 만일 네 형제가 죄를 범하거든 경고하고 회개하거든 용서하라 만일 하루에 일곱 번이라도 네게 죄를 싯고 일곱 번 네게 돌아와 내가 회개하노라 하거든 너는 용서하라 하시더라"(눅 17:3~4).

여기서 주님은 두 가지 명령을 동시에 하십니다. 첫째는 회개하라, 고백하라는 명령입니다. 둘째는 누구든지 그렇게 회개하고 고백하거든 용서하라는 명령입니다. 즉 이 두 가지, 고백과 용서가 만날 때 화해가 이뤄집니다.

○

주님의 용서를 먼저 경험해야 합니다

그런데 왜 우리는 미안하다, 잘못했다, 죄송하다는 말을 못할까요? 만일 우리의 상대방이 요셉과 같은 사람이라면, 그래서 요셉처럼 모든 것을 용서할 사람이라고 확신할 수 있다면 우리는 기꺼이 미안하다는 말을 할 수 있을 것입니다. 그러나 내가 그 말을 하면 상대가 용서는커녕 오히려 그가 나의 약점을 잡을까 봐, 나를 쉽게 볼까 봐 두려운 것입니다. 즉, 자존심이라는 걸림돌로 인해 미안하다는 한마디를 전하기가 어려운 것입니다. 그러나 우리가 기억해야할 것이 있습니다.

첫째, 우리의 죄가 단지 사람에게만 잘못한 것이 아니라 하나님께 범죄한 것이라는 사실을 깨닫는 것입니다. 만일 내가 어떤 아이를 때렸다면, 나는 그 아이의 부모에게 죄를 지은 것

버려진 게 아니라 뿌려진 것이다

입니다. 마찬가지로 우리의 모든 죄는 다 창조자요, 왕이신 하나님을 향한 죄입니다. 우리가 누군가에게 주는 상처는 그의 영혼의 아버지, 그를 향해 놀라운 계획을 갖고 계신 하나님의 창조 계획을 망가뜨리는 죄요, 하나님 아버지의 마음을 아프게 하는 죄입니다. 우리는 우리의 죄가 단지 사람과의 문제, 또는 자존심의 문제가 아니라는 사실을 기억해야 합니다. 우리가 하나님 아버지께 범죄했다는 사실을 인정해야 합니다. 그때 우리는 단순히 사람에게 용서받기 위해서가 아니라, 우리의 모든 죄를 참지 못하시는 하나님께 사함받기 위해 잘못을 자백하게 되는 것입니다.

둘째로, 우리는 죄를 자백하는 자에게 부어주시는 하나님의 용서의 은총이 가져다주는 풍성함을 기억해야 합니다. 아이가 엄마와 누리는 사랑의 관계는 아이에게 얼마나 큰 축복인가요? 그러나 그 아이가 잘못을 자백하지 않으면 엄마와의 관계가 잠시 단절됩니다. 아이는 그러므로 잘못을 자백함으로서 다시 엄마와의 관계를 회복하길 원합니다.

우리는 예수 그리스도의 십자가 구속으로 인해 하나님과 화평을 누리고 있습니다. 그런데 우리가 죄를 짓고 자백하지 않으면 하나님과의 관계가 잠시 단절됩니다. 이미 그 풍성한 은총을 아는 우리에게 그 단절의 순간은 참으로 고통스럽습니다. 그러므로 우리는 하나님과의 온전한 관계를 위해서 우리의 죄를 자백해야만 합니다.

저는 아내와 사소한 말다툼을 하고 나면 늘 제가 먼저 잘못했다고 고백합니다. 그 이유는 다음날 새벽에 설교를 하거나 예배인도를 해야 하기 때문입니다. 아내와 화목하지 못한 상태로는 주님이 주시는 풍성한 은총으로 들어갈 수가 없기 때문입니다. 우리는 비굴함이나 두려움으로 용서를 빌거나, 용서를 안 하면 맞을까 봐, 손해 볼까 봐 어쩔 수 없이 고백하는 것이 아닙니다. 우리가 기꺼이 다른 사람에게 미안하다고 할 수 있는 이유는 이미 우리가 하나님의 용서의 은총의 맛을 알고 있기 때문입니다. 그분과의 평안이 깨어지는 것이, 다른 사람과의 불화보다 더 힘들기 때문입니다. 그분의 은총 안에서는 우리의 자존심이나, 다른 사람의 평가 따위는 아무것도 아니라는 것을 알기 때문입니다. 그러므로 우리는 지금 이 순간에도 우리를 향해 부어지고 있는 주님의 용서의 은총에 힘입어 다른 사람에게 미안하다고 말할 수 있는 것입니다.

셋째, 하나님의 용서는 다른 사람과의 관계 회복의 시작이 됩니다. 〈밀양〉(Secret Sunshine, 2007)이란 영화에서 본 죄수처럼, 다른 사람의 아이를 죽이고도 예수님을 믿고 죄사함 받았다는 이유로 평안하게 살며 환한 표정을 지을 수는 없는 것입니다. 하나님의 용서는 반드시 우리가 죄지은 사람에게 가서 자백하도록 요청합니다. 그 자백이 이루어지기 전에는 결코 참

버려진 게 아니라 뿌려진 것이다

되고 풍성한 사죄의 은총이 부어지지 않습니다. 잘못했다고 말하지 않고도, 하나님이 다 용서하셨다고 평안을 누린다면, 그는 구원파적인 거짓복음에 속고 있는 것입니다.

그러므로 우리가 예수님 앞에서 받은 용서는, 다른 사람과의 관계 회복의 시작이 됩니다. 그분의 용서는 우리로 하여금 형제에게 가서 화해하도록 이끄시는 요청인 것입니다.

"그러므로 예물을 제단에 드리려다가 거기서 네 형제에게 원망 들을 만한 일이 있는 것이 생각나거든 예물을 제단 앞에 두고 먼저 가서 형제와 화목하고 그 후에 와서 예물을 드리라"(마 5:23~24).

하나님의 은혜는 우리가 다른 형제들에게 원망 들을 일이 없도록 이끌어 주는 힘이 됩니다. 먼저 손 내밀고, 먼저 미안하다고 말하고, 먼저 화해를 요청하십시오.

이렇게 형들이 잘못했다고 자백하는 첫 번째 테스트 후에 요셉은 완전하지는 않지만 형들에게 호의를 베풉니다. 그들에게 양식을 주고, 자루에 돈도 다시 넣어 보내 줍니다. 자백은 이처럼 이미 형들을 용서한 요셉의 마음속에서 조금씩 호의가 흘러나오게 합니다. 용서가 없는 곳에서는 자백이 의미가 없습니다. 그저 보상과 대가와 처벌만 필요할 뿐입니다. 그러나 용서가 있는 곳에서는 자백이 위력을 발휘합니다. 옆집 아이가 내차를 긁고, 유리창을 깨 버리고는 와서 미안하다고 자백만 하면 용서가 됩니까? 우리는 적절한 보상을 필요로 할 것입니나. 그러나 자기 자녀는 다릅니다. 그저 잘못했다고 말만 하면 됩니다. 부모는 이미 자녀를 용서했기 때문입니다. 이렇게 용서한 관계 속에서 자백은 아주 중요한 역할을 하는 것입니다.

이것은 하나님과의 관계에서도 마찬가지입니다. 우리가 하나님께 우리의 죄를 자백하는 이유는, 하나님이 이미 우리를 용서하셨기 때문입니다. 우리가 자백할 때 하나님은 우리를 향한 용서의 은총을 부어 주시기 시작합니다.

그러나 앞서 말한 것처럼 만일 자녀가 자신의 잘못을 뉘우치고 용서를 빌지 않으면, 부모는 이미 용서했음에도 불구하고 그 용서의 마음과 은총을 보여 주지 않고 그 엄중한 얼굴을 풀지 않을 것입니다. 섣부른 화해가 아이를 망치기 때문입니다. 다시 한번 말하지만 하나님의 용서를 우리가 잘못해도 자백하지 않아도 되는 용서라고 생각하면 안 됩니다. 하나님은 과거와 현재와 미래의 모든 죄를 용서하셨기 때문에 죄를 자백하지 않아도 된다는 말은 거짓된 교리입니다. 그것은 하나님의 자녀를 망치는 사탄의 거짓된 속삭임입니다. 우리가 우리를 용서하신 하나님께 날마다 죄를 자백해야 합니다. 그리고 더 나아가서 내가 잘못한 사람에게 가서 미안하다고, 잘못했다고 고백해야 합니다. 결코 하나님이 나를 용서하셨으니 됐다고 생각하면 안 됩니다. 이 자백이 바로 화해의 첫걸음입니다.

버려진 게 아니라 뿌려진 것이다

우리도 하나님께 죄를 고백해야 합니다.
하나님은 이미 우리를 용서하셨지만,
우리가 죄를 뉘우치고 고백하지 않으면
용서의 은총을 부어 주실 수 없습니다.

상처 받는 사람보다 상처 준 사람의 삶이 더 힘듭니다.
하나님이 그 죄로 인한 고통을 당하게 하시기 때문입니다.
그러나 죄를 깨닫게 하시는 것은 하나님의 은혜입니다.

9. 죄로부터 돌아선다면 벌 받는 것도 은혜다

화해를 위한 2-STEP : 베냐민 테스트

○

요셉의 베냐민 테스트

첫 번째 단계의 용서는 완전한 것이 아닙니다. 물론 형들이 "우리가 죄를 지었다. 우리가 죗값을 받는다"라고 한 고백은 화해로 가는 필수적인 요소입니다. 그러나 진정한 신뢰를 통해 더 깊은 화해로 나아가기 위해서는 이러한 고백만으로는 완전하지 않습니다. 단지 입술로만 잘못했다고 고백하는 것은 완전한 신뢰의 관계를 회복시켜 줄 수 없기 때문입니다. 그래서 요셉은 그 다음 단계의 테스트를 준비합니다. 그것은 바로 베냐민 테스트입니다.

요셉은 시므온을 볼모로 잡고, 동생 베냐민을 데려오라고 합니다(창 42:18~25). 왜 요셉은 형들에게 베냐민을 데려오라고 한 것일까요? 이 베냐민 테스트를 통해 요셉이 확인하고 싶었던 것은 무엇일까요? 형들이 과거 자신을 팔아 버린 것처럼 동생도 팔아 버린 것은 아닌지 의심하는 것입니다. '과연 형들이 그 나쁜 행동을 버렸을까? 그 잘못된 행동을 중단했을까?' 형들이 말로는 자신들이 죄를 지었다고, 잘못했다고 하는데, 그 말대로 실제의 삶도 그런지 확인하고자 한 것입니다. 과거에 자신을 시기하여 팔아 버린 그 못된 죄를 과연 단절했는지, 그 죄에서 돌이켰는지를 보고자 한 것입니다.

그런데 형들이 동생 베냐민을 데리고 나타납니다(창 43:15). 그 순간 요셉은 형들이 그 죄에서 떠난 것을 확인합니다. 그리고 그의 연약한 동생 베냐민이 무사한 것을 알게 됩니다. 동생이 건강하게 잘 자란 모습을 보자 요셉은 동생에 대한 사랑의 정으로 다시 눈물이 복받쳐 흐릅니다. 여기서 요셉의 마음이 다시 한번 열리는 것입니다.

"요셉이 아우를 사랑하는 마음이 복받쳐 급히 울 곳을 찾아 안방으로 들어가서 울고"(창 43:30).

이렇게 베냐민을 데리고 온 형들을 향해 요셉은 전보다 더 큰 호의를 베풉니다. 이 단계에서 형들이 경험하는 용서는 그 전보다 더 풍성합니다. 시므온이 석방되고, 형들은 요셉의 집으로 초대받습니다. 풍족한 식탁의 교제를 함께 경험합니다. 그리고 풍성한 양식과 더불어 돈을 다시 돌려받습니다. 바로 이것이 풍성한 용서의 경험입니다(창 43:16~34).

상대가 입술로 고백하고도 늘 같은 행동의 죄를 반복한다면, 비록 그 사람을 용서했다고 해도 내 마음의 신뢰는 조금밖에 보여 줄 수 없습니다. 하지만 이렇게 실제적인 삶이 변화되면, 더 큰 신뢰를 보여 주게 됩니다. 그래서 요셉은 전보다 풍족한 호의를 보여 주는 것입니다.

우리는 여기서 진정한 회개에 이르는 과정을 보게 됩니다. 우리는 입술로만 죄를 고백하는 단계에서 실제로 그 죄에서 돌이키는, 참된 회개의 자리로 나아가야 합니다. 우리의 삶이 하나님의 풍성한 은총을 경험하지 못하는 이유는, 우리의 회개가 습관적인 고백으로 그치기 때문입니다. 실제로 우리가 자백한 그 죄에서 떠나지 않기 때문입니다. 우리가 행실을 돌이키면, 하나님이 더 큰 은총을 부어 주십니다.

○
죄에서 돌이키게 하는 것들

그렇다면 도대체 무엇이 22년 동안 그들을 이렇게 바꿔 놓았을까요? 우리는 앞에서 그들이 자신들의 죄로 인해 고통을 겪는 것을 살펴보았습니다. 그러나 모든 사람들이 죄를 지은 후 그에 상응하는 고통을 경험하는 것은 아닙니다.

로마서를 보면, 어떤 사람들은 죄를 짓는데도 하나님이 그냥 내버려 두십니다. 당장에 심판하시지 않고 진노를 쌓아 두십니다. 그리하여 심판 날에 진노를 쏟고자 하시는 것입니다. 하나님은 버린 자들은 이렇게 내버려 두십니다. 야곱의 형 에서를 보면, 그가 불신 결혼을 하든 말든 내버려 두시지 않습니까? 그러나 야곱은 하나님이 사사건건 간섭하여 그를 괴롭게 하십니다. 형들을 향한 은총이 바로 여기에 있습니다. 그들이 죄를 지었지만, 하나님이 그 죄로 말미암아 고통을 겪게 하심으로써 그들을 변화시키고자 하는 것입니다. 성경은 이것을 '하나님의 징계'라고 합니다.

이처럼 하나님은 사랑하시지 않는 자는 내버려 두십니다. 그러나 사랑하시는 자는 매를 때려서라도 그 죄에서 돌이키게 하십니다.

"주께서 그 사랑하시는 자를 징계하시고 그가 받아들이시는

버려진 게 아니라 뿌려진 것이다

아들마다 채찍질하심이라 하였으니 … 징계는 다 받는 것이거늘 너희에게 없으면 사생자요 친아들이 아니니라"(히 12:6, 8).

그렇다면 하나님은 요셉의 형들을 어떻게 징계하실까요? 죄 가운데서 살았던 지난 22년의 세월을 살펴보면, 하나님의 징계의 채찍이 어떻게 그들에게 가해졌는지를 알 수 있습니다. 이를 통해 오늘날 우리가 하나님께 범죄했을 때, 하나님이 어떻게 그분의 사랑하는 자녀들을 징계하시는지 볼 수 있습니다.

영적 단절의 고통

첫째, 영적 단절의 고통을 맛보게 하십니다. 아이들에게 부모는 즐거움이고 든든함입니다. 그러나 아이가 부모에게 죄를 지으면 그다음부터 아이는 부모가 두려워서 숨습니다. 에덴동산에서 늘 하나님과 교제하던 아담과 하와도 선악과를 먹고 하나님에게서 숨었습니다. 22년 만에 등장한 형들의 모습이 바로 이것입니다. 하나님을 향한 두려움입니다. 하나님이 자신들을 지켜 주실 것이라는 믿음과 기대는 조금도 찾아볼 수 없습니다. 조그만 일이 있어도 하나님이 자신들을 벌하신다는 두려움을 품습니다.

죄는 이렇게 하나님과의 영적 단절을 가져옵니다. 죄가 나를 지배하는 순간 하나님과의 생생한 교제가 단절되고, 마음에 흐르넌 은혜의 시냇물이 말라 버리고 맙니다.

우리는 어리석게도 하나님의 은혜의 자리에서 떠나고 나서야 그 은혜가 얼마나 좋은 것이었는지를 깨닫게 됩니다. 죄를 짓고 나서야 내가 당당하게 의의 옷을 입고, 하나님과 거리낌 없이 교제하며, 기도의 담력을 가진 것이 얼마나 큰 은혜였는지를 알게 됩니다. 죄로 인해 영혼이 둔감해지고 나서야 언제나 말씀을 사모하고, 말씀을 깨달으며, 말씀이 꿀송이 같은 것이 얼마나 소중한 은혜였는지를 알게 됩니다. 죄로 더럽혀지고 나서야 내가 세상과 구별되어 교회에서 거룩한 성도들과 신앙 생활을 한 것이 얼마나 놀라운 축복의 자리였는지를 알게 되는 것입니다.

이처럼 죄를 짓게 되면 영적으로 깊은 침체의 어둠이 찾아옵니다. 그리고 그의 내면에는 두려움과 소심함과 의심과 불안이 자리 잡습니다.

죄의 열매

둘째, 죄의 열매를 맛보게 하십니다. 앞에서 22년 만에 나타난 형들이 얼마나 초라한 모습이었는지를 살펴봤습니다. 가뭄에도 서로 바라만 보고 있는 무력한 모습이었습니다. 애굽 총리에게 정탐꾼으로 몰리자 대뜸 22년 전의 죄를 떠올리면서 죗값을 받는다고 말했습니다. 그 죄가 그들을 두렵게 하고 소심하게 하고, 그들로부터 적극성과 꿈과 도전을 앗아 간 것입니다. 그들을 초라하게 만든 것입니다.

형들은 관계적으로도 아버지에게서 신뢰를 잃었습니다. 아버지는 그들을 의심합니다. 그리고 깊은 슬픔에 빠집니다. 형들은 그런 아버지의 모습을 볼 때마다 자책감이 밀려왔을 것입니다. 가정의 깊은 그늘, 사라진 웃음, 이 모든 것은 죄의 열매입니다.

이처럼 하나님은 죄의 보응, 즉 죄의 열매를 맛보게 하십니다. 이때 형들은 하나님의 은혜를 따라 아버지에게 자백하고, 용서를 구하며 동생을 찾아 나섰어야 했습니다. 회개의 자리로 나아가야 했습니다. 그러나 그들은 회개하지 않았습니다.

하나님의 징계

셋째, 그래도 돌이키지 않으면 매를 때리십니다.

형들이 요셉을 팔아 버린 후, 유다의 이야기가 창세기 38장에 나옵니다. 그 이야기가 왜 갑자기 나왔는지 오늘 우리는 그 이유를 알게 됩니다.

"그 후에 유다가 자기 형제들로부터 떠나 내려가서 아둘람 사람 히라와 가까이하니라"(창 38:1).

유다가 아버지 집을 떠났습니다. 아마도 그는 죄로 어두워진 가정이 싫고, 죄가 생각나게 하는 형제들이 싫었는지도 모릅니다. 그는 그렇게 공동체를 떠납니다.

우리가 죄를 지으면 교회 공동체 내에서 하나님의 임재와 멀어지게 되고, 형제자매들과의 관계도 멀어지게 됩니다. 결국 교회 생활이 싫어지고, 교회를 떠나게 되는 것입니다. 유다가 공동체를 떠나 가나안으로 가는 것은, 오늘날 교회를 떠나 세상으로 가는 것을 상징합니다.

유다는 그곳에서 가나안 여자와 결혼합니다.

"유다가 거기서 가나안 사람 수아라 하는 자의 딸을 보고 그를 데리고 동침하니"(창 38:2).

야곱의 집안이 가나안 사람과 결혼하는 것을 하나님이 얼마나 금지하는지 우리는 익히 알고 있습니다. 그래서 이삭도, 야곱도 다 믿음의 집안에서 여자를 데려왔습니다. 하나님의 약속에서 벗어난 에서만이 가나안 여자와 결혼했습니다. 그런데 유다가 가나안 여자와 결혼하는 것은 "이제 나는 더 이상 믿음의 백성이 아니다. 자포자기하고 이제 내 마음대로, 정욕대로 살겠다"고 선언하는 것과 마찬가지입니다.

하나님이 에서는 그냥 놔두셨습니다. 그러나 하나님은 그분이 선택한 백성은 결코 그냥 두지 않으십니다. 유다에게 어떤 일이 일어났습니까? 그의 장자 엘이 죽어야 했습니다.

"유다의 장자 엘이 여호와가 보시기에 악하므로 여호와께서 그를 죽이신지라"(창 38:7).

버려진 게 아니라 뿌려진 것이다

그리고 그의 둘째 아들 오난도 죽었습니다.

"그 일이 여호와가 보시기에 악하므로 여호와께서 그도 죽이시니"(창 38:10).

그뿐이 아닙니다. 그의 아내도 죽었습니다.

"얼마 후에 유다의 아내 수아의 딸이 죽은지라"(창 38:12상).

이 사건을 보면 꼭 룻기의 나오미를 보는 것 같습니다. 나오미가 흉년이 들어 베들레헴을 떠나 모압으로 갔더니, 그곳에서 남편도 죽고 두 아들도 죽게 됩니다.

여기서 우리가 기억해야 할 것은 교회 생활이 아무것도 아닌 것 같아도 교회는 바로 우리 삶의 보호막이라는 사실입니다. 믿음을 떠나고 공동체를 떠나면 곧 보호막을 떠나는 것임을 잊지말아야 합니다.

교회가 아무리 악하고 콩가루같이 보여도 세상은 교회보다 더욱 악합니다. 교회가 싫어서 떠나는 것은 그렇다고 칩시다. 그런데 함께 교회를 떠난 당신의 자녀들은 세상에서 어떤 친구들을 만날까요? 유다의 아들들은 세상의 영향으로 너무나 악하게 자라서 결국 죽임을 당했습니다.

바로 이것이 죄에 대한 하나님의 징계입니다. 하나님은 우리가 돌이키기를 기다리시지만, 우리가 스스로 돌이킬 능력이 없을 때는 강력한 채찍으로 징계하십니다. 주님은 우리가 죄를 짓지 않도록 원천봉쇄하지 않으십니다. 물론 성령님이 우리 마

음속에서 근심하시고 말씀을 통해 경고하시지만, 그래도 우리
가 고집을 부리고 가면 그냥 내버려 두십니다. 그리고 죄로 인
한 단절의 고통, 죄의 쓴 열매를 맛보게 하시고, 징계의 채찍으
로 우리를 아프게 하십니다.

다윗의 경우가 그랬습니다. 그가 밧세바 사건으로 얼마나
따끔하게 징계를 받았습니까? 그 채찍의 아픔 속에서 아들을
잃고, 아들 압살롬의 반역을 경험하고, 첩들이 농락을 당하고,
나라를 잃고 쫓겨 가고, 죽음의 위협에 처하는 극심한 고통을
당했습니다. 그리고 결국에는 압살롬을 잃게 됩니다. 기막힌
징계를 당한 것입니다. 세상 왕이 다른 남자의 아내를 한 명
빼앗았다고 이렇게 무섭게 다루시는 경우는 없습니다. 그냥
내버려 두십니다. 그러나 다윗이 세상 왕의 흉내를 내고, 자
신에게 권력이 있다고 함부로 행동하자 하나님은 크게 노하
시고, 그를 극심하게 때리시고, 그를 부끄럽게 하시고, 그에게
서 등을 돌려 버리십니다. 다윗이 그 죄로 말미암아 심각한 암
흑의 고통 속에서 신음하게 하십니다. 그가 회개할 때까지 말
입니다.

"내가 입을 열지 아니할 때에 종일 신음하므로 내 뼈가 쇠하
였도다 주의 손이 주야로 나를 누르시오니 내 진액이 빠져서
여름 가뭄에 마름같이 되었나이다(셀라)"(시 32:3~4).

하나님이 우리를 징계하시는 것은 은혜입니다. 하나님은 요

버려진 게 아니라 뿌려진 것이다

셉의 형들을 그냥 버려두지 않으셨습니다. 그들을 징계하시고, 그들로 하여금 죄의 열매를 맛보게 하시고, 죄로 인한 징계를 경험하게 하셨습니다.

이 고통 속에서 유다는 무엇을 깨달았을까요?

첫째, 두 아들의 죽음을 통해 자식을 잃은 아버지의 마음의 고통이 얼마나 큰 것인지를 알았을 것입니다. 자신들이 요셉을 팔아 버린 것이 아버지에게 얼마나 큰 고통과 지울 수 없는 슬픔을 안겨 줬는지를 깨달은 것입니다.

둘째, 그는 아내를 잃어버림으로써 사랑하는 아내 라헬을 잃어버린 아버지의 고통과 외로움이 어떤 것인지를 이해했습니다. 그 아버지가 잃어버린 아내로부터 얻은 사랑하는 아들을 빼앗아 버린 자신들의 행동이 얼마나 나쁜 것이었는지를 뼈저리게 느낀 것입니다.

셋째, 큰아들이 죽고 나서 둘째에게 형의 대를 잇기 위해 형수에게 들어가 아이를 낳으라고 부탁했을 때 장자의 유산을 탐내서 그것을 거절한 둘째 아들의 모습을 보면서, 채색옷을 입고 장자 대우를 받던 요셉을 시기하여 팔아 버린 자신들의 모습을 발견했을 것입니다. 그리고 그러한 아들을 죽이시는 하나님의 심판을 보면서, 자신들이 지은 죄가 죽어 마땅한 죄임을 깨달았을 것입니다.

넷째, 이 고통을 통해 유다는 아버지의 마음을 이해하게 되었습니다. 자신도 두 아들을 잃고 셋째는 잃기 싫어서 셀라를 다말에게 주지 않았기에, 그 마음을 알았던 것입니다. 그래서 그는 후일에 베냐민마저 잃을까 봐 두려워하는 아버지의 마음을 헤아리고 이해한 것입니다. 자신도 아버지가 되어 보니 아버지의 마음이 이해되는 것입니다.

이렇게 죄로 인해 하나님께 징계를 받으면서 유다는 자신의 죄를 깊이 깨닫게 되고, 자신의 행동이 얼마나 잘못된 것이었는지를 알게 됐습니다.

독일 철학자 한나 아렌트(Hannah Arendt)는 범죄자들과 상담하면서 다수의 악한 일들이 우유부단함 때문에 생긴다는 결론을 내렸습니다. 범죄자들의 마음속에 분명 진실함, 선함이 있지만 악한 일을 단호하게 거절하지 못하는 애매한 태도로 결국 악에 이끌려 살게 되더라는 것입니다. 이들은 진심으로 술도 끊고 도박도 끊고 바람도 안 피우고, 좋은 남편, 좋은 부모가 되고 싶어 합니다. 여러 번 무릎 꿇고 눈물로 용서도 빌고, 각서도 씁니다. 그러나 결국 그 상황이 되면 다시 우유부단하여 유혹에 넘어가길 반복하는 것입니다. 이렇게 되면 가족은 더 이상 그를 신뢰할 수 없고, 온전히 받아들이기 어렵습니다. 비록 마음으로는 용서하고 받아들이지만 참된 신뢰와 화해의 풍성한 삶으로 나아갈 수 없습니다.

하나님과의 관계도 마찬가지입니다. 하나님은 우리가 일흔

버려진 게 아니라 뿌려진 것이다

번 잘못했다고 하면 일흔 번 용서해주시지만, 실제로 그 죄에서 떠나 돌이키지 않으면 약속하신 풍성한 축복은 부어지지 않습니다. 그것은 우리가 삶의 방향을 돌이켜 새로운 길로 걸어가기 시작할 때에 열려지는 것입니다. 우리의 삶에 옛사람이 죽을수록, 죄된 습관이 사라질수록, 죄의 세력이 죽어갈수록, 하나님의 은혜는 커지고, 새사람은 강건해지며, 하나님의 꿈은 이루어지기 시작하는 것입니다. 그러므로 우리는 철저히 우리 안에 있는 죄를 죽이고, 단호하게 돌이켜야 합니다. 그래야 화해의 삶이 시작되는 것입니다.

진정한 화해로 가기 위해서는 내가 먼저 용서해야 합니다.
상대의 화해와 변화는 나의 용서에 기초합니다.
먼저 한 용서가 화해로 가는 징검다리가 됩니다.

10. 작은 변화가 큰 결과를 낳는다

화해를 위한 3-STEP : 은잔 테스트

○

요셉의 은잔 테스트

형들이 죄를 자백하고, 그 죄에서 돌이킨 모습을 보여 주었음에도 불구하고 요셉은 여전히 정을 억제하면서 자신을 밝히지 않습니다. 그가 계획한 더 풍성한 용서, 완전한 용서의 축복을 보여 주지 않습니다. 이는 무엇인가 더 필요하다는 것입니다. 그래서 요셉은 마지막 테스트를 합니다. 바로 은잔 테스트입니다.

베냐민을 데려오라고 해서 데려왔더니, 이번에는 베냐민의 자루에 은잔을 넣어서 그를 도둑으로 몰아 노예로 삼겠다고 합니다(창 44:1~17). 그리고 형들은 양식을 갖고 돌아가라고 합니다. 이 마지막 테스트의 의미는 무엇일까요? 과연 형들이 베냐민만 놔두고 돌아갈까요? 만일 그랬다면 요셉의 용서는 여기까지였을 것입니다.

그런데 형들이 어떻게 합니까? 여기서 유다의 정말 위대한 모습, 감동적인 모습을 보게 됩니다. 유다는 베냐민을 노예로 잡겠다는 국무총리에게, 그가 아버지에게 약속한 대로, 자신이 베냐민 대신 담보가 되겠다고 말합니다.

"이제 주의 종으로 그 아이를 대신하여 머물러 있어 내 주의 종이 되게 하시고 그 아이는 그의 형제들과 함께 올려 보내소서"(창 44:33).

과거에 유다는 요셉을 파는 데 앞장섰습니다(창 37:26~27). 동생을 돌보는 것이 아니라, 동생을 시기하여 팔아 버리는 데 앞장섰습니다. 그런데 지금은 자신이 대신 머물겠다는 것입니다. 그뿐이 아닙니다.

"아버지가 아이의 없음을 보고 죽으리니 이같이 되면 종들이 주의 종 우리 아버지가 흰머리로 슬퍼하며 스올로 내려가게 함이니이다"(창 44:31).

과거의 유다는 아버지의 마음을 아프게 했습니다. 그러나 이

버려진 게 아니라 뿌려진 것이다

제는 더 이상 아버지의 마음을 아프게 하지 않으려고 합니다. 아버지의 편애에 저항하던 그가 이제는 아버지의 마음을, 아버지의 약함을 이해하는 것입니다. 그래서 그 아버지를 위해 자신을 내어 놓는 것입니다. 그는 더 이상 동생을 팔아 버리는 자가 아닙니다. 이제는 동생의 아픔을 외면하지 않는 형입니다. 그 아픔을 위해 자신이 먼저 희생할 줄 아는 자가 된 것입니다. 자신도 자녀가 있고 손자가 있는데 말입니다. 유다는 진정한 변화에 이른 것입니다.

이러한 유다의 모습 앞에서 요셉이 어떻게 반응합니까?

"요셉이 시종하는 자들 앞에서 그 정을 억제하지 못하여 소리 질러 모든 사람을 자기에게서 물러가라 하고 그 형제들에게 자기를 알리니 그때에 그와 함께한 다른 사람이 없었더라 요셉이 큰 소리로 우니 애굽 사람에게 들리며 바로의 궁중에 들리더라"(창 45:1~2).

그렇게 테스트를 하면서도 계속 감정을 억제하던 요셉이었는데, 더 이상은 자신의 감정을 억제하지 못합니다. 그는 형들 앞에서 방성대곡합니다. 자신을 드러냅니다. 그리고 형들을 위해 예비한 용서의 계획을 이야기합니다. 무엇이 이것을 가능하게 만들었습니까? 바로 유다의 변화된 모습입니다.

여기서 진정한 회개란 무엇인가를 보게 됩니다. 진정한 회개란 반드시 변화가 따르는 것입니다. 회개에 합당한 열매를 맺는 것입니다.

예를 들어 외도하던 남편이 아내에게 "여보, 내가 잘못했소"
하고 말하고, 그 잘못된 관계에서 돌아서는 것만으로는 온전한
회개가 아닙니다. 정말 회개했다면, 아내를 진심으로 사랑하는
남편으로 변화해야 합니다. 아내와 자녀들의 마음의 상처를 치
유하고, 무너진 가정을 세우기 위해 희생하며 섬기는 모습으로
변화해야 합니다. 자신의 죄와 실수로 무너뜨린 것을 다시 일
으켜 세우기 위해 자신의 목숨이라도 내어놓는 것이 변화요,
진정한 회개입니다.

지금 유다가 그것을 완벽하게 보여 주는 것입니다. 그는 완
전한 회개를 보여 주고, 그 결과 완전한 용서의 축복을 경험합
니다.

○
징계와 형벌의 차이

유다는 어떻게해서 이렇게 변화된 것일까요? 변화의 이유는
바로 징계와 형벌의 차이에 있습니다. 징계와 형벌의 차이가
무엇입니까? 하나님의 징계하시는 손은 둘인데, 하나는 채찍
의 손이고 다른 하나는 싸매시는 손입니다. 매만 있으면 형벌
입니다. 그러나 때린 후 고치고 싸매면 징계입니다. 부모가 아

버려진 게 아니라 뿌려진 것이다

이를 때리기만 하면 아이는 집을 나가 버릴 것입니다. 그러나 그 매 속에서 부모의 교훈과 싸매 줌이 경험될 때 아이들은 돌이키는 것입니다. 하나님은 유다를 때리기만 하신 것이 아닙니다. 유다를 싸매 주셨습니다.

싸매시는 하나님의 손길

유다의 인생에서 싸매시는 손길은 어떻게 나타났을까요? 바로 며느리 다말의 사건을 통해 나타났습니다.

다말은 유다의 맏며느리입니다. 그녀는 가나안 여인이었습니다. 유다의 큰아들이 악해서 죽자 다말은 자녀 없이 과부가 되었습니다. 당시에는 자식 없이 죽은 이의 유업을 잇기 위해 혼자 된 형수에게 죽은 이의 동생이 아들을 낳도록 해주는 형사취수 제도가 있었습니다. 그래서 유다는 둘째에게 아들을 낳아 주도록 며느리를 들여보냈습니다. 그런데 그렇게 되면 형수가 낳은 아들이 형의 이름으로 아버지의 유업을 받게 되는 것이 싫었던 둘째 아들이 이를 거부합니다. 그것이 하나님 보시기에 악하여 둘째 아들이 하나님께 죽임을 당합니다(창 38:8~10).

이제 셋째가 남았는데, 셋째는 아직 어렸습니다. 또 혹시 셋째도 죽임을 당하면 어쩌나 싶어서 유다는 차일피일 미루게 됩니다. 그때 유다는 아내를 잃고 외로워하고 있었는데, 다말이 창녀로 변장하여 시아버지인 유다를 유혹해서 임신합니다. 임신 소식을 들은 유다는 크게 화를 냅니다. 그래서 다말을 죽이려고 하는데, 다말이 자신을 임신시킨 자의 증표를 보여 줍니다. 그것을 본 유다는 그 창녀가 바로 자신의 며느리였음을 깨닫습니다. 그리고 그는 다말이 나보다 옳도다라고 말합니다 (창 38:11~26).

왜 성경은 다말의 이 패륜적인 행동을 심판하기보다 두둔하는 것일까요? 이는 당시의 배경을 알아야만 이해할 수 있습니다. 다말의 행동은 룻의 행동을 연상시킵니다. 룻은 시어머니를 떠나서 자신의 고국으로 돌아가 젊은 남자를 만나서 자신만의 삶을 살 수 있었습니다. 비록 시어머니를 따라왔다고 해도 베들레헴에서 젊은 남자를 만나 새 가정을 꾸릴 수도 있었습니다. 그런데 그녀는 보아스라는 나이 많은 친족에게 나아갑니다. 보아스는 그러한 룻의 행동을 헤세드, 즉 사랑을 베푸는 자세라고 칭찬합니다. 그녀의 행동은 자신의 일신을 위한 행동이 아니라, 친족을 통해 가문이 끊긴 남편의 대를 이어 주려고 한 고귀한 행동이었기 때문입니다(룻 3:10).

다말의 행동이 꼭 그와 같은 것입니다. 그녀가 있는 곳은 가나안이었습니다. 그녀는 원한다면 수절하지 않고 시아버지의 동의를 얻어서 얼마든지 새로운 삶을 찾아갈 수 있었습니다. 그런데 남편의 대를 잇도록 시아버지가 셋째 아들을 주지 않

버려진 게 아니라 뿌려진 것이다

을 것이라는 생각이 들자 결국 늙은 시아버지와 동침하여 씨를 얻은 것입니다. 이 행동은 쾌락을 위한 음란한 행동이 아닙니다. 이것은 자신의 남편, 즉 유다의 장자의 끊긴 대를 이어 주려고 한 고귀한 행동입니다. 목숨을 건, 희생적인 믿음의 행동인 것입니다.

이 사건 속에서 유다는 무엇을 깨달았을까요? 다말은 믿음 없는 가나안 여인이었습니다. 그런 그녀가 믿음의 집안에 시집을 왔습니다. 그런데 그 집안의 믿음이 엉망입니다. 아들들이 악해서 결국 자신의 남편이 죽었습니다. 자신은 시동생에게 수치를 당하고, 이 집안에서 남자 죽이는 여자로 낙인이 찍혔습니다. 그럼에도 불구하고 다말은 그 믿음의 집안에 접붙여서 믿음의 대를 잇는 것을 포기하지 않았습니다. 그런데 유다는 믿음의 약속을 가진 집안에서 태어났고, 가나안의 영적 주인이 될 예언의 자손임에도 불구하고 오히려 약속을 버리고 세상으로 갔습니다. 그는 며느리를 통해 불신앙의 삶을 살아온 자신의 모습을 보았습니다. 며느리의 믿음 속에서 자신의 불신앙을 본 것입니다.

그리고 더 중요한 것은 그가 며느리가 낳아 준 쌍둥이를 통해 자신의 잃어버린 두 아들의 회복을 보지 않았을까 하는 사실입니다(창 28:27). 나오미가 룻을 통해 아이를 품에 안게 됐을 때 회복시켜 주시는 하나님의 은총의 손길을 경험했듯이

(룻 4:13~17), 비록 부끄럽지만 쌍둥이를 품에 안았을 때 회복시켜 주시는 하나님의 은혜의 손길을 경험했을 것입니다. 자신을 버리지 않고 대를 이어 가시는 하나님의 사랑을, 때리기만 하시는 게 아니라 싸매시는 하나님의 손길을 경험한 것입니다. 그러나 유다를 향한 하나님의 은혜는 거기서 멈추지 않습니다. 뒤에서 보겠지만 그 며느리를 통해 얻은 아들로 말미암아 예비해 주신 은혜는 유다가 상상할 수없는 데까지 이어집니다. 유다의 범죄에도 불구하고 하나님께서 예비하신 은혜는 너무나 놀라운 것입니다. 이 은혜가 유다를 변화시킨 것입니다.

○

형들을 향한 하나님의 은혜

우리는 늘 요셉만 주목하면서 '한 번도 실수하지 않고, 죄도 안 짓고, 순종 잘 하면서 꿈을 향해 걸어간 요셉만 주인공이지. 요셉의 형들처럼 씻을 수 없는 죄를 지은 나는 쓰임 받을 수 없어'라고 생각합니다. 그러나 그렇지 않습니다. 창세기의 결론은, 하나님이 요셉의 형들도 주인공이 되게 하신다는 것입니다. 그뿐 아니라 나중에는 변화된 유다를 통해 이스라엘의 질서가 재편됩니다.

버려진 게 아니라 뿌려진 것이다

야곱이 유다를 축복할 때 눈길을 끄는 대목이 있습니다.

"유다야 너는 네 형제의 찬송이 될지라 네 손이 네 원수의 목을 잡을 것이요 네 아버지의 아들들이 네 앞에 절하리로다"(창 49:8).

"네 아버지의 아들들이 네 앞에 절하리로다"는 축복의 말입니다. 이것은 원래 요셉이 하나님께 받은 꿈의 중심 내용입니다. 그런데 그 축복이 유다에게로 옮겨진 것입니다. 요셉만 주인공인 것이 아닙니다. 극심한 죄의 고통 가운데서 회개하고 돌이키니까 결국 유다가 주인공이 된 것입니다. 하나님은 유다를 섬기는 자, 이해하는 자, 희생하는 자로 세우셔서 그를 통해 역사를 써 가시는 것입니다.

그렇다면 이 유다의 이야기가 우리의 이야기가 될 수 있다는 것을 어떻게 확신할 수 있을까요? 유다를 향한 또 한 가지 중요한 예언이 있습니다.

"규가 유다를 떠나지 아니하며 통치자의 지팡이가 그 발 사이에서 떠나지 아니하기를 실로가 오시기까지 이르리니 그에게 모든 백성이 복종하리로다"(창 49:10).

그에게서 메시아가 나올 것이라는 예언입니다. 유다가 죄악 중에서 방황할 때 다말이 그에게서 나은 베레스를 통해 다윗이 나오고, 예수 그리스도가 나온다는 것입니다. 여기에 하나님이 유다를 위해 숨겨놓으신 놀라운 은혜가 있습니다.

그리스도는 훗날 유다의 모든 죄를 대신 져 주실 분입니다. 그가 이렇게 끔찍한 죄를 지었으나 그 값을 대신 지시고 죽으실 분입니다. 그리스도는 그분 안에서 죄가 우리를 파멸로 이끌어 가지 못하게 하십니다. 죄를 향한 하나님의 채찍이, 심판이 아니라 사랑의 징계가 되게 하십니다. 하나님으로 하여금 진노 중에서도 자비를 잃지 않게 하십니다.

그리스도는 더 나아가 의로운 모습으로 부활하셔서 우리의 의가 되신 분입니다. 그리스도 안에서 우리는 새로운 피조물이 됩니다. 과거가 어떠하든지 이전 것은 지나갔다고 선포하게 됩니다. 그래서 죄인 중의 괴수였던 바울이 그리스도 안에서 사도가 된 것입니다. 죄악 속에서 방황하던 어거스틴이 그리스도 안에서 위대한 하나님의 사람이 된 것입니다.

유다에게 임한 은혜는 무엇입니까? 그가 죄악 안에 있었을 때 하나님이 그에게 베레스를 주신 은혜입니다. 이것이 유다의 인생을 변화시킨 은혜입니다. 이 용서의 은총 속에서 그가 돌이키게 된 것입니다. 오늘 우리를 돌이키게 하는 은혜도 마찬가지입니다. 우리가 죄인 되었을 때 찾아온 베레스의 은혜입니다. 죄인 된 우리에게 찾아오신 그리스도의 은총입니다.

유다의 이야기는 그의 이야기만이 아닙니다. 우리의 죄를 대신 지시고 죽으시고 부활하신 그리스도를 믿고 살아가는 사람마다 동일한 은총이 함께합니다. 나는 중대한 죄를 지었으니 이제 내

버려진 게 아니라 뿌려진 것이다

인생은 버려졌다고 생각하십니까? 결코 그렇지 않습니다!

우리가 반드시 기억해야 할 것이 있습니다. 첫째, 징계받을 때 낙망하면 안 됩니다. 하나님께 감사해야 합니다. 둘째, 회개해야 합니다. 유다 사건은 회개가 얼마나 아름답고 놀라운 것인지를 보여 줍니다. 이 온전한 회개로 인해 유다를 향한 하나님의 놀라운 사죄의 은총이 쏟아지는 것입니다.

우리는 작은 죄라도 우습게 여기면 안 됩니다. 죄는 모양이라도 버려야 합니다. 철저히 회개하고 변화된 삶을 살아야 합니다. 그때 상상할 수 없는 축복이 열릴 것입니다. 회개에 합당한 열매를 맺길 바랍니다. 그러면 유다처럼 다시 은혜의 문이 열리고, 전보다 더 놀라운 하나님의 축복의 주인공이 될 것입니다. 요셉의 형들의 이야기가 바로 그것을 보여 줍니다. 진정한 변화와 회개를 통한 화해가 얼마나 놀라운 것인지를 보여 주는 것입니다.

○

진정한 회개의 축복

이렇게 변화된 형의 모습을 확인한 요셉이 하는 말이 무엇입니까?

"아버지의 아들들과 아버지의 손자들과 아버지의 양과 소와 모든 소유가 고센 땅에 머물며 나와 가깝게 하소서 흉년이 아직 다섯 해가 있으니 내가 거기서 아버지를 봉양하리이다 아버지와 아버지의 가족과 아버지께 속한 모든 사람에게 부족함이 없도록 하겠나이다 하더라고 전하소서"(창 45:10~11).

요셉이 형들과 그들의 자녀들까지 다 책임지겠다고 합니다. 사실 이 계획은 이미 요셉의 마음속에 있었습니다. 요셉은 이미 형들을 용서했고, 형들을 축복할 계획을 갖고 있었습니다. 그러나 용서는 일방적인지만 화해는 쌍방적인 것이라고 했습니다. 화해의 문을 열기 위해서는 형들이 보여 줘야 할 신뢰의 모습, 변화의 모습이 있어야 했습니다. 형들에게도 요셉의 용서와 사랑에 상응하는 마음이 있어야 하는 것입니다. 그 사랑을 보여 준 것이 바로 유다의 희생입니다. 요셉은 자신의 분신이요, 자신과 같은 베냐민을 위해 생명을 내놓는 유다의 희생 속에서 드디어 그 사랑을 본 것입니다. 마음의 응어리가 다 풀리고, 마음이 열리는 것입니다. 완전한 치유가 일어나는 것입니다. 이것이 회개의 능력이요, 진정한 변화의 위력입니다.

대학 시절에 절친이자 라이벌이었던 친구가 있습니다. 남들은 우리를 보고 다윗과 요나단 같다고 했지만, 사실 속으로는 서로를 향한 경쟁심과 질투심이 자리 잡고 있었습니다. 그 친구를 제가 다니던 교회로 인도했는데, 친구가 교회에서 칭찬과 주목받는 것을 보고는 은근히 우리 교회로 데려온 것을 후회

버려진 게 아니라 뿌려진 것이다

하기도 했습니다.

그러던 어느 날 우리는 함께 선교단체의 동계 순례 전도여행에 참여했습니다. 새벽부터 열심히 전도하고 사역하고, 밤늦게까지 기도하기를 반복하는 일정이었습니다. 그런데 밤 기도회 중에 성령께서 제 마음의 죄를 지적하기 시작하셨습니다. 제가 친구를 질투하고 있음을 책망하시고, 친구에게 가서 미안하다고 고백하라고 했습니다. 저는 저항할 수 없는 성령님의 강권하심 속에서 친구를 찾아가서 저의 죄를 고백했습니다. 그러자 친구도 저와 동일한 마음을 가졌노라고 고백했습니다. 우리는 그날 밤 서로 부둥켜안고 밤새도록 기도했습니다.

그런데 문제는 그다음부터입니다. 이렇게 고백하고 서로 마음을 털어놓았는데, 이제 교회와 캠퍼스 현장으로 돌아가면, 과연 같은 상황 속에서 친구를 질투하지 않을 수 있을까 염려되었습니다. 그런데 놀랍게도 친구는 저에게 변화된 행동을 보여 주기 시작했습니다. 친구는 제게 모든 것을 양보하기 시작했습니다. 제가 질투할 만한 모든 상황을 양보했습니다. 물론 저 역시 친구에게 양보했습니다. 우리 둘 사이에는 양보의 경쟁, 사랑의 경쟁, 섬김의 경쟁이 벌어졌습니다. 우리 둘은 회개에 합당한 열매를 맺은 것입니다. 그리고 그러한 변화된 행동에 기초해서 우리 둘의 우정은 더욱 견고해졌습니다. 남들이 말하던 다윗과 요나단의 사랑과 우정이 정말로 우리 안에 싹트게 된 것입니다.

단순한 감정적인 고백만으로는 진정한 화해와 우정에 이를 수 없습니다. 회개에 합당한 열매인 변화된 행동으로 나아가야 합니다.

○

용서를 이용하지 마십시오

우리는 결코 용서를 이용해서는 안 됩니다. "너, 나 용서했다며! 그런데 왜 나를 용납 못해?" 이렇게 말하면 안 됩니다. 가해자 주제에 피해자에게 용서를 강요해서는 안 됩니다. 과연 형들이 요셉에게 그런 식으로 이야기할 수 있을까요? 요셉의 눈물을 보십시오. 계속 울고 있습니다. 이것은 무엇을 말하는 것입니까? 상처입니다. 그가 받았을 상처와 아픔, 그 세월을 생각해 보십시오. 형들에게 배신당하고 버림 받은 아픔, 아버지를 떠난 아픔과 외로움, 종살이와 옥살이를 하면서 겪은 모진 세월의 고통… 이 모든 아픔을 조금이라도 이해한다면, 어찌 가해자가 함부로 용서란 말을 입에 담을 수 있겠습니까? 용서가 옆집 강아지 이름입니까? 가해자가 해야 할 일은 철저한 회개입니다. 죄를 고백하고, 그 죄를 끊고, 완전히 변화된 삶, 사랑의 삶을 삶아감으로써 회개에 합당한 열매를 맺어야 합니다. 그리고 나서 용서를 기다리는 것입니다.

버려진 게 아니라 뿌려진 것이다

왜 우리가 하나님 앞에서 풍성한 은혜를 누리지 못합니까? 우리가 회개에 합당한 열매를 맺지 못하기 때문입니다. 하나님은 우리를 너무나 사랑하셔서 상상도 못할 축복을 예비하고 계신데, 우리는 아직도 죄를 반복하고, 죄를 사랑하는 마음을 버리지 않고, 여전히 마음이 세상에 가 있으니까 하나님의 의심이 해소되지 않는 것입니다. 그런 우리에게 은혜를 베풀면 그것으로 더 큰 죄를 지을 것 같은 의심 말입니다.

○

내가 먼저 용서해야 합니다

만일 우리가 요셉의 입장에 있다면 먼저 용서해야 합니다. 요셉의 형들의 회개와 변화는 바로 요셉의 용서에 기초하고 있습니다. 용서가 먼저입니다. 우리가 하나님께 회개하며 나아가는 것도 그분이 먼저 용서하셨기 때문에 가능한 것입니다. 형들이 회개하고 변화되어 화해를 이루게 된 것은 요셉이 먼저 한 용서에 기초하고 있었음을 기억하십시오. 요셉이 먼저 용서했고, 요셉이 먼저 풍성한 용서의 계획을 갖고 있었기에 가능했던 것입니다.

왜 세상의 죄인들은 죄를 자백하거나 회개하지 않을까요? 세상 법정에는 용서가 없고 처벌만 있기 때문입니다. 그래서 묵비

권을 행사하고 변호사를 선임해서 모든 것을 둘러댑니다. 오늘날 많은 교회 분쟁의 원인이 무엇입니까? 용서하지 않으면서 회개하라고 하는 것입니다. 정죄의 분위기를 물씬 풍기면서 회개를 운운하는 것입니다. 이것은 성경적인 것이 아닙니다. 우리가 용서와 긍휼과 사랑의 마음을 갖고 있지 않다면, 회개라는 말 자체를 할 자격이 없는 것입니다. 하나님처럼 그가 진정으로 변화되고 돌이키길 원해야 회개라는 말을 할 수 있는 것이지, 그 죄 때문에 때려죽이기라도 할 것 같은 마음을 가진 사람이 무슨 회개를 말합니까? 그것은 위선이고 거짓입니다.

우리가 먼저 용서해야 합니다. 그가 회개하고 변화되도록, 그래서 참된 화해로 나아가도록 화해의 징검다리를 놓아 줘야 합니다. 우리가 먼저 도와줘야 합니다. 그렇지 않으면 어찌 죄인이 앞으로 나올 수가 있겠습니까.

지금 한국 교회는 용서와 회개에 대한 오해로 몸살을 앓고 있습니다. 우리가 용서하고 화해할 때 하나님은 상상할 수 없는 은혜를 부어 주십니다. 그런데 왜 우리는 이렇게 얄팍한 은혜 가운데 머물러 있습니까? 용서하지 않아서 그렇습니다. 화해하지 않아서 그렇습니다. 진정한 회개를 하지 않아서 그렇습니다.

어느 집안에 아버지가 큰 사업을 하고 있었습니다. 그런데 아버지가 늙어서 이제 네 아들들에게 사업을 물려줘야 합니다.

버려진 게 아니라 뿌려진 것이다

누구에게 사업을 맡길까 생각해 보니 첫째는 죄를 지었고, 아버지에게 불순종합니다. 동네에서 소문난 불량배입니다. 아버지는 그 아들에게 사업을 맡기면 망할 것 같아서 첫째는 제쳐 둡니다.

둘째 아들 역시 죄를 지었고, 동네의 골칫거리입니다. 자신의 잘못을 뉘우치고 다시는 안 그러겠다고 약속했지만, 아들이 정말 변화되었는지, 그 행실을 정말 끊을 수 있는지 확신이 안 갑니다. 둘째에게 사업을 맡기기에는 아직 시간이 더 필요한 것 같습니다.

셋째 역시 중한 죄를 범했습니다. 그러나 셋째는 아버지께와서 잘못을 자백하고, 그 후로는 그러한 행동을 하지 않았습니다. 그는 자신의 과거의 죄에서 완전히 돌아섰습니다. 그러나 문제는 이 아들이 과거에 상처 준 사람들이 너무나 많다는 것입니다. 그래서 이 아들에게 사업을 맡겨 봐야 일이 잘 안 될 것 같습니다.

넷째 역시 소문난 말썽꾸러기였으나 이 아들은 회개하고 행실을 바꾸었을 뿐 아니라, 자신이 상처 준 사람들을 일일이 찾아가서 사과하고 보상했습니다. 동네 사람들을 위해 자선을 베풀고 섬기면서 사람들의 신임을 다시 얻었습니다.

아버지는 누구에게 자신의 사업을 맡길까요? 누구에게 자신의 중요한 직위를 물려줄까요? 당연히 넷째 아들입니다. 이

넷째는 자백하고, 죄를 끊고, 더 나아가서 회개에 합당한 열매를 맺고, 사람들과 화해했습니다. 바로 이것이 화해의 중요성입니다.

한국 교회는 용서와 화해의 축복을 잃어버렸습니다. 하늘로부터 흘러내리는 은총, 이웃과의 관계에서 흐르는 축복이 우리가 화해하지 않아서 가로막혔습니다. 한국 교회가 회개에 합당한 열매를 맺고, 요셉처럼 넓은 용서의 마음을 가짐으로써 참된 화해에 이르도록 함께 기도해야 합니다.

버려진 게 아니라 뿌려진 것이다

우리는 작은 죄라도 우습게 여기면 안 됩니다.
죄는 모양이라도 버려야 합니다.
철저히 회개하고 변화된 삶을 살아야 합니다.
그때 상상할 수 없는 축복이 열릴 것입니다.

집착은 영적인 문제입니다. 집착은 우상입니다.
그 집착이 나를 병들게 하고, 주변 사람들을 떠나게 하고,
하나님의 계획을 가로막습니다.
집착을 버려야 온전한 회복이 시작됩니다.

11. 집착을 버려야
꿈이 이뤄진다

하나님 외에는 그 무엇도 우상입니다

○

집착으로 얼룩진 야곱의 인생

이제 마지막으로 요셉의 아버지, 야곱의 문제를 생각해 보려고
합니다. 22년 만에 드디어 성경의 카메라 렌즈가 야곱을 비추
고 있는데, 야곱은 변한 것이 하나도 없습니다. 그때나 지금이
나 베냐민만 편애하고 집착하는 모습입니다. 베냐민을 잃어버
릴까 봐 두려워하고, 그래서 애굽에 보낼 수 없다고 전전긍긍
하는 모습입니다.

요셉의 꿈을 방해하는 가장 강력한 장애물은 바로 요셉을 가장 사랑하는 야곱이었음을 성경은 보여 줍니다. 그것은 바로 아버지 야곱의 집착입니다.

《은혜의 전성기를 경험하라》에서 야곱의 생애를 자세히 다뤘지만, 야곱의 인생을 한마디로 정의하면 '집착'의 인생이라고 말할 수 있습니다. 그는 태어날 때부터 형의 발꿈치를 붙들고 태어났습니다. 그리고 형의 장자권에 집착해서 형이 배고플 때 팥죽 한 그릇으로 장자권을 사고, 급기야 형으로 변장해서 장자권을 획득했습니다. 결국 형 에서를 피해 사랑하는 어머니와 생이별을 하고 삼촌 집으로 도망쳤습니다. 그런데 삼촌 집 우물가에서 자기 어머니를 꼭 닮은 여인을 만납니다. 바로 라헬입니다. 라헬은 고모인 리브가를 닮아서 아름다웠던 것 같습니다. 야곱이 라헬에게 얼마나 집착했던지, 그녀를 얻기 위해 14년을 일합니다. 그런데 그 사랑하는 라헬이 가나안으로 오는 길에 베냐민을 낳고는 죽게 됩니다. 야곱은 라헬에 대한 그리움을 그녀가 낳은 첫째 아들 요셉을 보면서 달랬습니다. 그래서 그는 요셉을 편애하고 애지중지했습니다. 그런데 이것이 형제들의 시기를 유발했고, 형들은 요셉을 팔아 버립니다.

그렇게 요셉을 잃고 마지막 남은 아들이 베냐민입니다. 야곱이 베냐민을 얼마나 사랑하는지, 나중에 형들이 아버지와 베냐민의 생명이 연결되었다고 말할 정도입니다. 베냐민이

버려진 게 아니라 뿌려진 것이다

잘못되면 아버지도 죽을 거라고 말할 정도입니다. 이미 30세가 넘었고, 결혼해서 아이까지 있는 베냐민을 여전히 어린아이 취급하며, 애굽에 가서 화를 당할까 봐 두려워 안절부절 못합니다. 130세 노인의 연약하고 처절한 집착과 두려움, 이것이 22년 만에 비춘 야곱의 가련한 모습이요, 야곱이 가진 집착 인생의 절정인 것입니다(창 42:36~38).

그런데 뒤에 보면 야곱이 이 집착을 내려놓을 때 모든 것이 변화됩니다. 그제야 요셉이 돌아오고, 잃어버린 열 아들도 돌아오고, 요셉의 꿈이 이뤄집니다. 야곱은 편애를 버리고, 열두 아들을 모두 축복하여 이스라엘의 시조로 세웁니다. 결국 요셉의 꿈을 가로막고 있었던 가장 강력한 장애물은 바로 야곱의 집착이었던 것입니다. 그렇다면 왜 집착이 문제가 되는 것일까요?

○

집착의 영적인 문제

집착은 마음의 우상입니다

집착은 영적으로 아주 심각한 문제를 보여 주는 증상입니다. 야곱에게 베냐민은 어떤 존재입니까? 야곱은 어머니 리브가에 대한 그리움, 아내 라헬에 대한 사랑, 잃어버린 요셉을 향한 그

리움을 더해서 베냐민을 사랑했습니다. 베냐민은 야곱 인생의
전부였습니다. 그가 살아가는 의미요, 그의 행복이요, 그의 기
쁨이요, 그의 생명이요, 그의 전부였습니다.

그런데 영적으로 행복, 기쁨, 사랑, 생명, 전부란 말을 누구에
게 사용합니까? 저는 예수님 믿고부터는 절대적인 의미에서
이러한 단어를 언제나 예수 그리스도에게만 사용하게 되었습
니다. 그래서 제가 예수님 믿고 가장 감정이입이 어려운 것이
연인에 대한 사랑을 표현하는 노래입니다. 예수님을 향해서는
나의 사랑, 나의 생명, 나의 기쁨이라고 눈물을 흘리면서 노래
하는데, 그러한 사랑의 노래를 사람을 향해 부르려면 너무 낯
간지럽고 이상합니다. 나의 사랑, 나의 기쁨, 나의 행복은 예수
님에게만 해당되는 것입니다. 다윗도 여호와 하나님을 향해 그
렇게 노래하지 않습니까?

물론 사람을 사랑하기 때문에 행복하고 즐거울 수는 있습니
다. 그러나 절대적인 의미에서 그 사람이 나의 전부라고 말한
다면, 그것은 그를 신의 경지에 올려놓는 것입니다. 그 사람이
지금 내 마음속에서 하나님과 자리다툼을 하고 하나님과 경쟁
하는 것입니다.

'집착'의 의미를 사전에서 찾아보니까 '어떤 것에 늘 마음이
쏠려 잊지 못하고 매달리는 것'이라고 되어 있습니다. 매달린
다는 것은 결국 마음을 쏟는다는 것이고, 내 마음을 준다는 것

버려진 게 아니라 뿌려진 것이다

이고, 그가 내 마음의 중심이 되었다는 것입니다. 그래서 그를 얻지 못하면 인생에 그 어떤 행복도, 평안도 없다고 느끼는 것입니다. 그런 면에서 집착하는 것은 그 집착의 대상을 신으로 여기는 상태입니다. 결국 집착의 영적인 문제는, 그것이 마음의 우상을 보여 주는 감정이라는 것입니다.

우리는 조각해서 만든 신상에 절하는 것만 우상이라고 생각합니다. 불교의 신상에 절하고, 고목이나 바위 아래서 절하는 것만이 우상숭배라고 생각합니다. 그러나 피조물 중에 하나님보다 더 사랑하고 더 마음에 두는 것은 다 우상입니다. 마음에 새긴 우상이 돌로 새긴 우상보다 제거하기가 더 어렵습니다.

야곱은 마음에 새긴 신상인 자식이라는 우상에 사로잡힌 것입니다. 야곱의 자녀에 대한 집착을 어떻게 없앨 수 있을까요? 돈에 대한 집착, 명예에 대한 집착, 권력에 대한 집착, 아름다움에 대한 집착을 어떻게 없앨 수 있을까요? 쾌락, 취미, 여행, 편안함, 통제에 대한 집착을 어떻게 없앨 수 있을까요?

집착은 우상을 향한 신심의 표현입니다

우상이라는 것은 일종의 신입니다. 그를 우상으로 삼는다는 것은 그가 나의 절대 선이요, 궁극적인 목적이요, 가치라는 의미입니다. 내가 우상으로 삼는 그를 편애하는 것은, 나 외에 다른 신을 섬기지 말라는 신의 명령에 순종하는 신앙의 표현입니다.

과거에 부모들은 아들을 더 사랑했습니다. 그래서 아들이 먹어야 할 것을 딸이 먹으면 째려보기도 하고, 고기를 집은 젓가락을 쳐서 냄비 안으로 떨어뜨리기도 하고, 몰래 아들에게만 갖다 주기도 했습니다. 그렇게 함으로써 딸이 받을 상처는 생각하지 않았습니다. 왜냐하면 아들이 그의 전부요, 그의 신이었기 때문입니다. 그를 위하는 것이 곧 절대 선이니까, 그에게 잘하는 것이 곧 경건이니까, 그만을 위하다가 받는 비난과 핍박은 오히려 자랑거리니까 아무렇지도 않았던 것입니다. 그러는 동안에 다른 자녀들의 마음에는 멍이 들고, 상처가 깊어지는데 그것이 전혀 안 보이는 것입니다. 오직 우상만 보이는 것입니다.

만일 부자가 되는 것이 나의 행복이고 기쁨이고 평안이라면, 돈 되는 일은 어떤 일이든 선한 일이요 경건한 일이 되는 것입니다. 돈을 벌기 위한 모든 수단은 일종의 종교 행위인 것입니다. 권력이 나의 전부라면, 권력을 얻기 위해 무슨 일을 하든 그것은 곧 신심일 뿐입니다. 연인의 사랑이 전부라면, 그 사랑을 얻기 위해 친구를 배신하거나 부모의 마음을 아프게 하는 것조차 문제가 안 되는 것입니다. 주일에 교회에 와서 하나님께 예배드린다고 해도 마음에서 집착하는 우상을 제거하지 않는 한 실제 우리의 삶은 마음의 우상이 지배하는 것입니다.

야곱의 집은 하나님을 믿는 가정인데, 왜 이렇게 관계가 단절

버려진 게 아니라 뿌려진 것이다

되고 두려움에 떨까요? 신앙으로 집안을 세워야 할 야곱의 마음에 하나님 대신 자녀라는 우상이 차지하고 있기 때문입니다. 야곱이 공평한 사랑이 아니라 편애와 집착으로 다른 자녀들에게 상처를 주고, 모든 갈등의 원인을 공급한 것입니다. 결국 그것이 22년 전에 형들이 죄악을 범한 근본적인 원인입니다. 그로 인해 야곱은 베냐민마저 잃어버리면 어쩌나 하는 두려움에 사로잡힌 것입니다.

집착의 양면성

야곱의 모습에서 우리 마음의 우상이 양면성으로 나타나는 것을 보게 됩니다. 내가 지금 무엇에 집착하고 있는지, 무엇이 내 마음의 우상인지를 분별하는 방법은 첫째로, 나의 즐거움이 무엇인지를 보는 것입니다. 팀 켈러(Timothy Keller)는 나의 백일몽이 무엇인지를 보면 나의 우상을 알 수 있다고 말합니다. 내가 순간순간 '그것만 있으면 좋을 텐데' 하며 행복한 상상에 사로잡히는 것이 무엇인지를 보면 됩니다. 야곱은 그 아이만 생각하면 행복하고, 그 아이가 자라 가는 것만 바라봐도 미소가 지어지고 배가 불렀을 것입니다. 우상은 이렇듯 나에게 백일몽을 제공합니다.

그런데 팀 켈러는 "나의 우상은 동시에 나의 악몽의 주제가 된다"고 말합니다. 그것을 소중히 여기는 만큼 '잃어버리면 어쩌나' 하는 두려움이 꿈으로 나타나는 것입니다. 야곱이 베냐민을 잃을까 봐 두려워하는 것은, 베냐민이 그의 우상이 되었음을 보여 주는 것입니다. 자녀가 너무나 귀해서 유치원에 보내는 것이 두렵고, 학교에 보내는 것이 두려워 안절부절 못한다면 그것은 집착입니다. "헤어지자고 하면 어쩌나. 왜 톡에 대답을 안 하지? 왜 전화를 안 받지? 사랑이 식었나?" 이런 것은 집착입니다. 거의 우상 수준으로 나아가고 있는 것입니다.

당신의 삶에서 지금 백일몽과 악몽을 번갈아 가며 지배하는 대상은 무엇입니까? 그것이 바로 당신의 우상이요, 당신이 집착하는 대상입니다.

제게는 그 우상이 무엇일까 생각해 봤는데, 그중 하나가 설교인 것 같습니다. 저는 설교를 잘할 때 너무 행복합니다. 참으로 은혜롭고 영향력 있는 설교자가 되는 것을 상상합니다. 이것이 저의 백일몽입니다. 동시에 제가 꾸는 악몽 역시 설교에 대한 것입니다. 가끔 설교 준비가 안 된 채로 강단에 서 있는 악몽을 꾸고는 합니다. 또 설교하러 교회에 오는 길에 늦는 꿈을 꾸기도 합니다. 차가 계속 막히고, 어떤 문제가 생기고, 그렇게 겨우 교회에 왔는데 성도들이 예배를 마치고 나오는 것입니다. 언젠가는 설교하는데 성도들이 막 나가는 꿈을 꾼 적도 있습니다.

이것은 무엇을 보여 줄까요? 제가 얼마나 설교에 집착하고

버려진 게 아니라 뿌려진 것이다

있는지를 보여 주는 것입니다. 교회를 이끌고 세우시는 분은 하나님인데, 나도 모르게 마치 내 설교로 모든 것을 이끌어 가는 것처럼 생각하는 것입니다. 설교가 저의 우상인 것입니다. 그래서 설교 준비에 지나치게 신경 쓰고, 몸을 혹사하는 것입니다. 이것을 깨달은 후부터는 설교 준비에 지나치게 집착하지 않게 되었습니다. 그래서 요즘은 설교 악몽을 꾸지 않습니다.

당신의 우상은 무엇인가요? 당신이 집착하는 것은 무엇인가요?

○

하나님은 집착을 그냥 두지 않으십니다

하나님의 질투

성경은 우상숭배를 간음이라고 말합니다. 우리가 마음의 우상에 집착한다면, 이 집착하는 마음은 곧 간음하는 마음입니다. 하나님 외에 다른 것에 마음을 쏟고 매달리는 마음은 바람난 마음인 것입니다. 그리고 우리의 이런 모습에 대해 하나님은 질투하십니다. 우리를 사랑하시기 때문입니다.

"너희는 스스로 삼가 너희의 하나님 여호와께서 너희와 세우신 언약을 잊지 말고 네 하나님 여호와께서 금하신 어떤 형상의 우상도 조각하지 말라 네 하나님 여호와는 소멸하는 불이

시요 질투하시는 하나님이시니라"(신 4:23~24).

야곱의 인생에 왜 고난이 많을까요? 하나님은 야곱을 무조건적으로 선택하시고 무조건적으로 사랑하시는데, 야곱은 늘 영적으로 간음하기 때문입니다. 야곱은 집착의 화신입니다. 그렇게 수많은 은혜를 경험하고도 언제나 야곱의 마음은 다른 곳으로 달려갑니다. 영적으로 자꾸 바람이 나는 것입니다. 그래서 야곱의 인생에 나타나시는 하나님은 그를 사랑하시지만, 사랑하기에 질투하시는 하나님인 것입니다. 그래서 야곱의 인생에 고난이 많은 것입니다.

하나님이 어떻게 그의 마음의 집착을 끊으실까요? 집착의 화신인 야곱의 생애를 통해 하나님이 야곱의 마음의 우상을 어떻게 제거하시는지를 보게 됩니다.

집착하면 잃어버리게 하십니다

하나님은 야곱이 집착하면 잃어버리게 하십니다. 야곱이 집착하는 베냐민을 하나님이 어떻게 하시죠? 그를 떠나보내지 않으면 안 될 상황으로 몰아가십니다. 이게 하나님의 방법입니다. 그래서 야곱은 집착하는 것마다 다 잃어버렸습니다. 그것이 야곱의 생애입니다(창 43:1~14).

야곱의 어머니가 야곱에게 얼마나 집착했습니까? 그런데 야곱은 늘 치마폭에 싸여서 의지하던 어머니 리브가와 형 에서

버려진 게 아니라 뿌려진 것이다

때문에 생이별하게 됩니다. 야곱은 사랑하는 아내 라헬에게 얼마나 집착했습니까? 그런데 라헬이 일찍 죽어 버립니다. 야곱은 요셉에게 얼마나 집착했습니까? 그런데 요셉이 실종됩니다. 그리고 남은 베냐민에게 얼마나 집착했습니까? 그런데 이제 베냐민도 보내야 할 위기에 놓인 것입니다. 야곱이 사랑하는 사람들을 하나님이 다 떠나게 하신 것입니다. 반면에 야곱이 집착하지 않은 레아는 오래 삽니다. 형들은 가출도 안 하고 아프지도 않고, 건강하게 잘 삽니다. 바로 이것이 야곱을 모델로 하나님이 우리에게 보여 주시는 방법입니다. 집착하면 잃어버리게 되는 것입니다.

저는 아이들을 키우면서, 집착하면 떠나게 하시는 것이 피조물에게 새겨 놓은 하나님의 프로그래밍이란 생각이 들었습니다. 무서운 중2가 되면 사춘기가 시작됩니다. 예쁘고, 말 잘 듣고, 엄마 아빠 없이는 못 살 것처럼 굴면서 아빠랑 결혼하겠다던 딸이, 우리 마음을 다 차지하고 있던 아이가 슬슬 반항하기 시작합니다. 친구를 더 중요하게 여기기 시작하고, 엄마 아빠는 안중에도 없고, 내 인생은 내 것이니 참견하지 말라고 말하기 시작합니다. 이때 부모는 큰 충격을 받습니다. 저도 첫아이 때 엄청 충격을 받았습니다. 그런데 둘째도 그 나이가 되니까 똑같이 행동하고, 셋째도 그랬습니다.

결국 사춘기는 아이들의 성장 발달단계 중 하나입니다. 하나님이 그 나이가 되면 그렇게 하라고 프로그래밍을 해 놓으신 것입니다. 그 정도 나이가 되면 슬슬 부모로부터 독립운동을 하도록 만들어 놓으신 것입니다. 가장 아름답게 꽃피고 어른답게 성장해 가는 나이에, 부모에게는 아이가 전부라고 생각하는 그때에 이 프로그램을 가동하게 하신 것입니다. 왜일까요? 부모에게 충격을 줘서 착각하지 않게, 정신 차리게 만드시는 것입니다. 부모 곁을 떠나는 연습을 하는 아이들을 보면서, 자신도 모르게 자리 잡은 집착과 고집과 야망을 보게 하시는 것입니다.

친구도 집착하면 멀어집니다. 사랑하는 사람을 잃는 방법은 바로 집착하는 것입니다. 그의 모든 삶에 관여하고 온 신경을 쏟아 보십시오. 이것을 보통 스토커라고 표현합니다. 그러면 그 사람이 떠날 것입니다. 하나님이 사람들에게만 이런 프로그래밍을 해 놓으신 것입니다.

내가 애지중지하는 모든 것이 그렇습니다. 사업도 마찬가지입니다. 은근히 사업에 의지하고, 그것을 보험으로 삼고, 그것으로 행복의 보장을 삼으려고 하는 순간부터 이상하게 꼬입니다. 직원들도 반항하고, 내 마음처럼 안 돌아갑니다. 자꾸 골치 아픈 문제가 생깁니다. 교회도 그렇습니다. 집착하는 순간, 행복했던 교회가 괴로운 곳이 되어 버립니다. 제가 목회하면서 깨달은 것은, 하나님의 것을 내 것으로 삼는 것처럼 괴로운 일

버려진 게 아니라 뿌려진 것이다

이 없다는 것입니다.

기억하십시오. 집착하면 떠나고, 집착하면 찌릅니다. 돈도, 명예도, 권력도, 사람도 집착하면 달아납니다. 교회도, 사업도 집착하면 괴로워집니다. 자녀도, 성도도 집착하면 잃어버리게 됩니다. 이것이 하나님의 프로그래밍입니다.

"아내 있는 자들은 없는 자같이 하며 우는 자들은 울지 않는 자같이 하며 기쁜 자들은 기쁘지 않은 자같이 하며 매매하는 자들은 없는 자같이 하며 세상 물건을 쓰는 자들은 다 쓰지 못하는 자같이 하라"(고전 7:29~31).

어떤 상황 속에서라도 결코 집착하지 말고 살라는 말씀입니다. 이렇게 살아가는 것이 진정으로 그들을 지키는 방법입니다.

목회 현장에서 이상하게 제가 사랑하는 성도들은 다 떠나갑니다. 내 마음이 흐르면, 그래서 하나님보다 더 의지하려고 하면 하나님이 떠나게 하십니다. '하나님, 그 사람 없으면 교회가 안 돼요.' 저의 이런 생각 때문에 떠나게 하시는 것입니다. 오직 하나님만 의지하기를 원하시는 것입니다. 그래서 성도들을 잃지 않기 위한 저의 싸움은, 집착을 끊는 연습을 날마다 하는 것입니다.

나를 좋아하고 나에게 잘해 주는 분들과 더 친하게 지내면서 좋은 관계를 유지하고 싶은 마음이 저라고 없겠습니까?

그런데 창세기 43장부터 야곱의 이름이 자주 이스라엘로 언급되는 것을 보면서 깨달은 것이 있습니다. 그가 베냐민을 향한 집착을 끊고 베냐민을 보내기로 결단하는 43장에서 그의 이름이 야곱이 아니라 이스라엘로 언급됩니다. 그가 한 민족의 시조로서 언급되는 것입니다. 더 이상 한 아들의 아버지가 아니라 모든 아들들의 아버지로서 언급되는 것입니다. 하나님은 야곱을 이스라엘로 부르셨습니다. 한 아이를 편애하는 아버지가 아니라 열두 아들 모두의 아버지, 이스라엘 민족의 시조로 부르신 것입니다.

그래서 저는 이런 생각을 해 보았습니다. '하나님이 나를 목회자로 부르신 것은, 건강한 공동체를 세우기 위해 야곱(이인호)이 아니라 이스라엘(목회자)로 부르신 것이구나.' 편애를 버리고, 집착을 버리고 살아간다는 것이 하나님이 부르신 삶인 것입니다.

집착을 버리게 하십니다

하나님은 결국 야곱을 어디까지 몰아가십니까?

"전능하신 하나님께서 그 사람 앞에서 너희에게 은혜를 베푸사 그 사람으로 너희 다른 형제와 베냐민을 돌려보내게 하시기를 원하노라 내가 자식을 잃게 되면 잃으리로다"(창 43:14).

야곱이 결단하는 것입니다. 그런데 이 결단은 쉬운 게 아닙

버려진 게 아니라 뿌려진 것이다

니다. 야곱에게 베냐민이 누구입니까? 단순히 베냐민 한 사람이 아닙니다. 베냐민은 리브가, 라헬, 요셉이라는 야곱의 사랑을 투영한 존재요, 야곱의 모든 것입니다. 그런데 이제 그 베냐민을 잃게 되면 잃으리라고 하는 것입니다. 그것은 야곱에게는 죽음과 같은 것입니다.

저희 아버지가 뇌졸중으로 쓰러지신 지 17년이 되었습니다. 그 17년 동안 어머니가 얼마나 극진하게 아버지를 돌보셨는지 모릅니다. 너무 희생적으로 돌보셔서 뇌졸중으로 반신불수가 되신 아버지는 얼굴이 좋은데, 오히려 어머니는 간호하시다가 몸이 불편해지셨습니다. 이러다가는 안 되겠다 싶어서 아버지를 요양원에 모셨습니다. 그런데 어머니가 노심초사하시는 것입니다. 아버지는 잘 적응하시는데, 오히려 어머니가 걱정하시는 것입니다. "요양원 간호사들이 잘 돌보겠느냐. 네 아버지 식성을 알겠느냐. 아버지는 싫다고 해도 잡수시게 해야 하는데, 간호사들이 아버지를 달래서 식사를 드시도록 하겠느냐" 하며 몇 번이나 전화하셔서 "다시 모시고 와라. 그래도 내가 돌봐 드려야 한다"고 하셨습니다. 한 달 동안 제가 얼마나 힘들었는지 모릅니다. 요양원에 보내 드리는 것이 아버지도 편안하시고, 어머니도 살길인데 말입니다. 사랑할수록 내려놓는 것, 집착을 끊는 것이 정말 어렵습니다.

그렇다면 자식은 오죽할까요? 혼자서 평생을 아들 하나 바라보며 키웠으니, 아들이 장가를 갔어도 늘 마음이 가는 것입니다. 너무 사랑하니까요. 밥은 잘 먹는지, 며느리가 아침은 챙겨 주는지, 우리 아들은 이것을 좋아하고 저것은 싫어하는데 며느리가 그것은 아는지, 우리 아들이 마음이 너무 좋아서 표독스러운 며느리에게 눌려 사는 건 아닌지 걱정인 것입니다. 이 불안과 걱정을 어떻게 내려놓느냐는 말입니다. 우리는 과연 어떻게 집착을 내려놓을 수 있을까요?

○

집착을 하나님께 맡기십시오

야곱이 집착을 내려놓는 데 아주 중요한 역할을 해 주는 단서가 있습니다. 그것은 주저하는 야곱을 향한 유다의 말입니다.

"내가 그를 위하여 담보가 되오리니 아버지께서 내 손에서 그를 찾으소서 내가 만일 그를 아버지께 데려다가 아버지 앞에 두지 아니하면 내가 영원히 죄를 지리이다"(창 43:9).

만일 문제가 생기면 자신이 담보가 되겠다는 것입니다. 자신이 대신 담보가 되어 붙잡혀 있겠다는 것입니다. 야곱은 이 말을 듣고 나서 베냐민을 보내겠다고 결단합니다. 저는 야곱이 유다의 이 말에 분명 영향을 받았다고 생각합니다. 실제로 유다는 베냐민 대신에 자신이 볼모로 잡히겠다고 나섭니다.

버려진 게 아니라 뿌려진 것이다

유다는 이 사건 속에서 야곱으로부터 메시아의 조상이 되는 축복을 받습니다. 예수 그리스도가 유다의 자손으로 이 땅에 탄생하시는 것입니다. 결국 유다는 그리스도의 모형으로 등장하는 것입니다. 유다가 베냐민 대신에 자신을 담보로 내어 놓듯, 훗날 예수 그리스도는 우리를 위해 자신의 목숨을 담보로 내어 놓으십니다. 예수님은 하나님이 우리에게 보내 주신 담보입니다.

아브라함이 이삭을 데리고 모리아 산에 올라가서 하나님의 명령대로 칼을 들어 이삭을 죽이고 번제로 드리려고 할 때, 하나님은 네 마음을 알았다고 하시면서 급하게 멈추십니다. 그리고 숫양을 보내셔서 대신 번제로 드리게 하십니다. 아브라함이 소유권을 내놓고 하나님께 드리니까 하나님이 이삭 대신에 숫양을 담보로 보내시는 것입니다. 이 숫양은 먼 훗날 모리아 산이 있는 예루살렘에서 십자가에서 죽으실 예수 그리스도를 상징합니다.

예수님은 누구십니까? 우리가 하나님께 맡기면, 하나님이 책임지시고 보호하시고 돌려보내 주신다는 보장입니다.

"자기 아들을 아끼지 아니하시고 우리 모든 사람을 위하여 내주신 이가 어찌 그 아들과 함께 모든 것을 우리에게 주시지 아니하겠느냐"(롬 8:32).

예수 그리스도는 하나님의 사랑을 보여 주시는 분입니다. 염려하지 말고 맡기라는 것입니다. 하나님이 돌보시고, 하나님이 담보를 세우실 테니 그분께 맡기라는 것입니다. 야곱이 지금 그렇게 하나님께 맡기고 있는 것입니다.

"전능하신 하나님께서 그 사람 앞에서 너희에게 은혜를 베풀사 그 사람으로 너희 다른 형제와 베냐민을 돌려보내게 하시기를 원하노라 내가 자식을 잃게 되면 잃으리로다"(창 43:14).

야곱이 전능하신 하나님께 전적으로 의탁하는 것입니다. 하나님이 돌려보내시길 의탁하는 것입니다. "내가 자식을 잃게 되면 잃으리로다"는 포기가 아닙니다. 의심이 아닙니다. 이것은 전적인 믿음입니다. 모든 처분을 하나님께 맡긴다는 의탁의 표현입니다.

하나님이 나보다 더 나를 사랑하십니다. 그래서 하나님께 나의 생을 맡길 때 나의 삶은 더 잘되게 돼 있습니다. 하나님이 우리보다 우리 아이들을 더 사랑하십니다. 그분의 아들을 우리 아이들을 위해 내어주실 만큼 말입니다. 내가 집착하지 않고 하나님께 내어 드릴 때, 하나님이 더 멋지게 아이들을 키워 주시고 책임져 주십니다. 하나님이 우리보다 교회를 더 사랑하십니다. 하나님이 우리보다 우리의 생업에 더 깊은 관심을 가지시고, 더 유능하게 경영하십니다. 그러니까 맡기란 것입니다. 두려워하지 말고, 집착을 내려놓으라는 것입니다.

"내가 관심을 가져야 해! 내가 신경 써야 해!" 이 집착 때문

버려진 게 아니라 뿌려진 것이다

에 내 주변 사람들이 골병듭니다. 결혼한 아들을 향한 집착을 끊는 것은, 며느리에게 맡기는 게 아니라 하나님께 맡기는 것입니다. 우리는 자녀를 하나님의 손자로 만들면 안 됩니다. 하나님은 우리에게 자녀들을 맡긴 아이들의 할아버지가 아닙니다. 하나님은 우리의 자녀들에게도 아버지십니다. 그러므로 하나님이 아버지가 되시게 해야 합니다. 바로 그것이 집착을 끊는 것입니다.

우리의 집착이 하나님을 방해합니다. 요셉을 보세요. 아버지 품에서 떠나니까 좀 고생스러워도 잘되지 않습니까? 아버지 품을 떠나니까 하나님이 함께 하시기 시작합니다(창 39:2). 무엇이 형들의 길을, 베냐민의 길을, 요셉의 꿈을 가로막고 있습니까? 바로 야곱의 부질없는 집착 아닙니까? 자녀가 조금 힘들어도 괜찮습니다. 조금 실패해도 괜찮습니다. 조금 좌절해도 괜찮습니다. 그래야 요셉처럼 하나님을 의뢰하고, 하나님을 만나는 것입니다. 그렇게 하나님의 아들이 되는 것입니다.

자녀가 잘되길 원한다면 집착을 끊으십시오. 그러자니 두렵고 염려되나요? 날마다 기도하고 하나님께 맡기십시오. 집착을 끊고 하나님께 맡기는 것은 관념적인 것이 아닙니다. 실제적인 것입니다. 우리는 그 두려움을 이길 힘이 없습니다. 날마다 그리스도의 십자가를 바라보고, 하나님을 신뢰하며 기도해야 합니다. 기도로 맡기며 우리의 모든 집착을 내려놓으십시오.

○
집착을 버릴 때 회복이 시작됩니다

결국 야곱은 위대한 고백을 합니다. "자식을 잃게 되면 잃으리로다." 저는 이 순간이, 야곱이 처음 죽는 사건이라고 생각합니다. 야곱은 한 번도 죽은 적이 없습니다. 진 적이 없습니다. 늘 집착하는 인생, 취하는 인생, 불굴의 인생이었습니다. 그런데 처음으로 그가 죽는 것입니다. 바로 여기가 야곱의 삶의 정점입니다. 이는 아브라함이 100세에 얻은 독자 이삭을 모리아 산에서 번제로 드리겠다고 결단한 것과 같은 것입니다. 야곱은 가정을 위해, 아들들과 손자들의 생명을 위해, 하나님이 그에게 맡겨 주신 공동체를 위해 베냐민을 번제로 내어 놓는 것입니다. 다시 말하면 그는 자신의 편애, 집착, 소유권의 탯줄을 끊어 낸 것입니다.

야곱이 그렇게 집착을 내려놓으니까 어떻게 됩니까? 야곱의 모든 것이 회복되었습니다. 베냐민도 살고, 요셉도 살아 돌아오고, 무엇보다 열 아들의 마음을 얻었습니다. 그가 붙잡으려고 할수록 달아났던 것들이 그가 손을 펴니까, 집착을 버리니까 모두 돌아온 것입니다.

결국 하나님의 꿈은 이뤄집니다. 나중에 야곱은 열두 아들에게 축복합니다. 이것이 가장 중요한 것입니다. 창세기 주제의

버려진 게 아니라 뿌려진 것이다

포인트는 요셉이 국무총리가 되는 것이 아니라, 야곱의 열두 아들이 이스라엘의 시조로 세워지는 것입니다. 바로 그 일을 위해 야곱은 열두 아들을 축복해야 했습니다. 축복은 마음이 있어야만 할 수 있는 것입니다. 그런데 야곱의 집착, 그것이 걸림돌이었습니다. 하나님의 꿈의 성취, 요셉의 꿈의 성취를 가로막은 장애물은 바로 야곱의 집착이었습니다. 야곱이 그 집착을 버리자 드디어 하나님 나라가 이뤄지고, 꿈이 이뤄지는 것입니다.

우리는 집착과 편애를 버려야 합니다. 교회 안에서 삼총사, 사총사, 우리끼리, 이런 모습들은 버리시기 바랍니다. 이런 것들이 아름다운 공동체를 향한 꿈의 장애물일 수 있습니다. 그보다는 외로운 길을 가는 것이 낫습니다. 한둘이 아닌 많은 사람의 친구가 되는 것은 때로 외로울 수 있지만, 이는 공동체 안에 풍성한 열매를 맺는 거룩한 길입니다.

하나님이 먼저 보내셨습니다

"당신들이 나를 이곳에 팔았다고 해서 근심하지 마소서 한탄하지 마소서 하나님이 생명을 구원하시려고 나를 당신들보다 먼저 보내셨나이다"(창 45:5).

요셉은 자신의 모든 삶을 뒤돌아보면서 하나님이 미리 보내셨다는 위대한 고백을 합니다. 그 모든 것이 다 하나님의 섭리, 하나님의 계획 속에 있었다고 고백합니다. 우연도, 사고도 아닌 하나님의 뜻 안에서 일어난 필연이었다는 고백인 것입니다. 우리의 고난과 실패에 대한 이러한 이해는 참으로 중요합니다.

우리 인생의 실패와 고난은 분명 변장된 축복입니다. 그때 그실패, 그 고난의 과정이 없었으면 오늘의 내가 없었을 테니까요. 그러나 지나온 실패, 지나온 아픔의 과정에는 아쉬움이 남습니다. 제 마음속에도 참 오랫동안 남아 있었던 아픔, 아쉬움이 하나 있습니다. 그것은 내가 원하는 대학에 들어가지 못한 아쉬움입니다. 대입 시험을 보고 가채점한 것보다 무려 20점이나 떨어진 성적표를 받아 들던 그 날은 오랫동안 제 마음 한 켠에 아픈 기억으로 자리 잡고 있었습니다.

그러나 그렇게 입학한 건국대학교에서 제 영혼의 조련사인 탱크같은 C.C.C 간사님을 만났고, 사랑하는 믿음의 형제들을 만났고, 무엇보다 제 인생 전체를 바꾸는 예수님과의 운명적인 만남이 시작되었습니다.

대학 생활은 제 인생에 가장 찬란하게 채색된 시간입니다. 캠퍼스 전체가 주님의 은혜로 가득 찬 강물 같았습니다. 저는 그 은혜에 잠겨 헤엄치는 행복한 물고기였습니다. 캠퍼스 뒷동산은 저의 기도의 동산이었고, 도서관은 아침마다 주님과 만나는 경건의 밀실이었습니다. 아침 햇살이 나뭇잎 사이로 눈부시게 반짝이던 그 동산에서 아침마다 주님과 사랑의 교제를 나누던 그 시절을 지금도 잊을 수가 없습니다. 만일 인생의 어느 한 시점으로 돌아갈 수 있는 선택권이 주어진다면, 저는 두말 않고 대학 시절을 선택할 것입니다. 왜냐하면 제가 그곳에서 만난 예수님과 믿음의 형제들이 너무나 귀하고, 무엇과도 바꿀 수 없기 때문입니다.

그럼에도 불구하고 참 오랫동안 '그때 왜 그 점수가 나왔을까?' 하는 의문이 가시지 않았습니다. '내가 밀려 썼을까? 그때 내가 실수하지 않았다면 어떠했을까?' 하는 아쉬움과 그 시절의 상처가 떠오르곤 했습니다.

그러던 어느 날 홀로 말씀을 묵상하던 중에, 베드로가 밤새 물고기를 한 마리도 못 잡고 그 다음 날 아침에 예수님을 만나는 누가복음 5장의 장면과 마주치게 되었습니다. 그 말씀을 묵상하면서 '왜 베드로는 한 마리도 못 잡았을까? 과연 주님이 이 실패에 관여하셨을까?'라는 의문이 생겼습니다. 그것은 제게 정말 중요한 질문이었습니다. 곰곰이 생각해 보니, 그날 베드로가 고기를 많이 잡았더라면 예수님은 베드로의 배를 빌려 강단으로 사용하실 수 없었을 것입니다. 또한 베드로도 잡은 물고기를 팔러 가야 해서 바빴을 것입니다. 그러면 주님의 말

버려진 게 아니라 뿌려진 것이다

씀도 듣지 못했을 것이고, 주님의 은혜를 받지 못했을 것입니다. 그 결과, 그날 아침의 운명적인 만남은 이루어질 수 없었을 것입니다. 간밤의 실패가 필연이었던 것입니다.

이 말씀을 통해 주님은 그날 아침에 제게 말씀하셨습니다.

"얘야, 네 실패는 우연이 아니다. 나와의 만남을 위한 필연이란다. 그러니 더 이상 후회도 말도 자책도 말고 아쉬워도 말아라."

제 눈에서 뜨거운 눈물이 흘러내렸습니다. 그 순간 제게 남아 있던 모든 상처와 아쉬움이 씻겨 내려갔고, 내가 원하는 학교에 들어가지 못했다는 열등감도 다 씻겨졌습니다. 저의 삶에는 더 이상의 우연이 없습니다. 하나님이 미리 보내신 삶인 것입니다. 그래서 저는 하나님이 자신을 먼저 보내셨다는 요셉의 고백이 중요하다고 생각합니다. 요셉은 원망도, 탓도, 후회도, 상처도 없이 이것이 하나님의 손안에 있는 최선의 길이라고 믿고 걸어갔던 것입니다.

몇 년 전 아내와 〈서약〉(the Vow, 2012)이란 영화를 봤는데, 많

은 것을 생각하게 하는 영화였습니다. 그 영화는 실제 사실을
기초로 제작되었다고 합니다. 결혼한 지 얼마 안 되는, 서로 깊
이 사랑하는 부부가 어느 날 교통사고를 당하는데, 그 후유증
으로 아내가 기억상실증에 걸립니다. 그런데 아내는 남편과 결
혼해서 살아간 최근의 5년을 기억하지 못합니다. 5년 전 일들
만 기억하는 것입니다. 그런데 그녀는 최근 5년간 집안과 연락
을 끊고 지냈습니다. 5년 전 그때에는 법대를 다녔고, 잘나가는
어떤 남자와 약혼했고, 그의 가족은 상류층의 부유한 집안이었
습니다. 그 5년 전의 일은 기억하는 반면, 최근 5년의 관계와 일
들, 즉 스튜디오를 창업한 가난한 남편과의 사랑과 결혼, 자신
이 살던 초라한 집, 자신이 예술대를 다닌 것, 자신의 작업실은
전혀 기억을 못하는 것입니다.

　그녀는 자신이 기억하지 못하는 현실을 혼란스러워하다가
결국 그 현실을 받아들이지 못하고 부모님에게로 돌아갑니다.
그러나 남편은 그러한 현실을 받아들이고, 다시 아내가 자신
을 사랑할 수 있게 만들 거라고 생각하며 다시 시작하기로 합

　　　　　　　버려진 게 아니라 뿌려진 것이다

니다. 그리고 아내와 두 주간 데이트를 합니다. 그러나 분명 전에는 자신을 사랑했던 아내가 이번에는 자신에게 마음을 주지 않자 너무나 힘들어 합니다.

아내는 자신의 기억 속에 있는 5년 전의 삶을 더 편안해 하고, 그 삶으로 돌아갑니다. 그리고 다시 법대에 편입합니다. 그런데 정작 법대 강의에 별 관심이 없습니다. 강의 시간에 노트에 그림을 그립니다. 그녀는 5년 전의 그 약혼자와 다시 교제를 시작합니다. 그런데 그 관계도 곧 시들해 집니다. 그리고 자신의 아버지가 자신의 친한 친구와 불륜 관계였다는 사실을 알고 그녀는 집을 떠나 혼자 살게 됩니다. 그리고 다시 예술대에 입학하여 예술가의 길을 갑니다. 또 자신의 남편을 다시 만나 사랑에 빠집니다.

그녀의 기억은 영원히 돌아오지 않았다고 합니다. 그러나 다시 남편을 사랑하여 행복한 가정을 이루고 살아가게 됩니다.

저는 이 영화를 보면서 그녀가 남편을 사랑하여 결혼하게 된 것은 우연이 아니라 필연이었다는 사실을 알게 되었습니다. 그때 그 남자를 보고 매력을 느끼고 사랑에 빠지고 남편으로 선택하게 된 그 성향은 하루아침에 생긴 것이 아닙니다. 그녀는 남편을 만나기 전으로 완벽하게 돌아갔지만, 법대로 다시 돌아가지 못하고, 자신의 부모와 이전 약혼자에게로도 다시 돌아가지 못합니다. 결국 다시 집을 나와서 혼자 예술대에 다시 들어갑니다. 다시 살아도 그 길을 가고, 다시 만나도 결국 그 남편을 사랑합니다. 그 사랑은 우연이 아니라 필연이었던 것입니다. 저는 우리의 삶도 동일하다고 생각합니다.

이 영화를 보면서 나와 아내의 만남도 우연이 아니겠구나 생각했습니다. 내가 어느 날 내 아내를 만나서 편안함을 느끼고 사랑하게 된 것은 우연이 아니었습니다. 그 시간까지 하나님이 내 안에 주신 기질과 유전자적 성향, 하나님이 내게 허락하신 환경, 그리고 주님의 은혜 속에서 빚어진 내가 아내를 좋아하고 편안하게 느끼고, 그래서 결국 선택하게 된 것입니다. 그녀를 사랑하고 좋아하는 나의 선택은 나의 기질과 성향에 맞는 것입니다. 그러므로 드는 생각이 있었습니다. '아마도 나

버려진 게 아니라 뿌려진 것이다

는 다시 태어나도, 다시 그 시간을 반복해도 내 아내를 선택했을 것이다.' 왜냐하면 우리의 만남은 우연이 아니니까요.

'그때 그 사람을 선택했으면 어땠을까?' 하는 생각을 한 번쯤은 해봤을 것입니다. 그러나 그때 그랬더라면, 누굴 만났더라면 하는 후회들은 다 부질없는 것입니다. 우리의 삶은 우연이 아니라 하나님의 먼저 보내시는 손길이 함께 하는 필연입니다. 때론 요셉의 고난처럼, 우리의 삶에 일어나는 일들이 이해되지 않는다 할지라도, 먼저 보내시는 하나님이 선하신 분이심을 기억해야 합니다.

그 선하신 주님의 손안에서 모든 것이 합력하여 선을 이루는 것입니다. 요셉처럼 포기하지 않고, 용서하고 인내하며 걸어가면, 어느 날 우리도 요셉처럼 인생을 뒤돌아보며 주님이 먼저 보낸 삶이었다고 고백할 날이 올 것입니다.

물론 우리는 우리 인생의 모든 것을 다 이해할 수 없습니다. 인생에 수많은 아픔과 슬픔을 완벽히 다 이해할 수는 없을 것입니다. 그러나 그 날이 되면 우리는 이해하게 될 것입니다.

요셉의 생애를 묵상하며 자주 자주 떠올랐던 찬양이 있습니다. 〈나 지금 말고 훗날에〉라는 찬양입니다. 이 가사 한절 한절이 고난의 인생길을 믿음으로 걸어가는 우리가 날마다 드려야할 고백인 것 같습니다.

1. 나 지금 말고 훗날에 더 좋은 그 나라에서, 이 눈물의 뜻을 알고 또 그 말씀 이해하리.
2. 이곳에서 못 다한 일 그 곳에서 끝마치고, 저 하늘의 비밀 풀면 그땐 모두 이해하리.
3. 수많은 내 계획 위에 왜 구름이 덮였는지, 왜 내 노래 그쳤는지 그 날 되면 이해하리.
4. 나 원하던 모든 것이 왜 이루지 못했는지, 왜 내 희망 깨졌는지 높은 데서 이해하리.
5. 내 주님은 다 아시고 이 죄인을 인도하네, 눈물 없이 주 뵈리니 깨서 정녕 이해하리.

버려진 게 아니라 뿌려진 것이다

(후렴) 내 손잡은 주 믿고서 험악한 길 다 갈 동안 늘 힘 있게 찬송하면 훗날 그 뜻 이해하리.